고등영어 1등급을 위한
중학 영어 만점 공부법

HERE

고등 영어 1등급을 위한

중학 영어
만점공부법

박병륜 지음

WE GO!

믹스커피
MIXCOFFEE

매일 꾸준히 읽으면,
나도 영어 고수

저는 2003년부터 중학교에서 20년 넘게 영어를 가르치고 있는 현직 영어 교사입니다. 그동안 5천 명이 넘는 학생에게 영어를 가르쳤고, 막연히 영어를 두려워하고 거부감을 갖는 학생도 만났습니다. 그때마다 '아, 쟤는 왜 영어를 싫어할까?'가 아니라 '아, 나도 저 때는 그랬었지.'라는 생각을 하곤 했습니다. 30여 년 전 영어의 알파벳을 처음 배우던 중학생 박병륜이 영어를 잘하지 못해서 선생님께 종아리를 맞던 기억과 문법에 딸린 세부 규칙들을 이해하지 못해 힘들었던 기억을 떠올리게 됩니다.

어른이 된 후 영어 교사가 되기 위해 기초부터 새롭게 공부하면서 외국 문법책을 자주 보게 되었고, 영어에 점점 자신감이 생겼습니다. '아, 이래서 그런 거구나!' 혹은 '아, 그때 영어 선생님께서 이렇게 알려주셨다면 훨씬 쉽게 이해했을 텐데.'라는 생각을 자주 하게 되었습니다. 그러면서 훗날 내가 영어 교사가 된다면 나처럼 영어를 어렵게 생각하는 학생들을 잘 가

르쳐야겠다고 다짐했습니다. 영어 교사가 된 후에도 이 초심을 잃지 않으며 최대한 학생들 눈높이에 맞는 교육을 하고자 노력했습니다.

저는 교재를 집필하는 일에 관심이 많습니다. 어린 시절 교과서와 문제집을 혼자 공부할 때마다 너무 어려워 한숨만 쉬던 기억이 있습니다. 그래서 쉽게 설명하고, 혼자서도 술술 읽을 수 있는 교재를 집필하는 데 관심이 많습니다. 실제로 저는 지난 20여 년간 중학교 영어 교과서를 6권 집필했고, 현재도 '2022 개정 교육과정'을 반영한 영어 교과서를 집필 중에 있습니다. 또한 EBS를 비롯해 각종 중학교 영어 교재와 참고서도 30권 이상 집필한 바 있습니다.

이번 책은 단독 집필로는 세 번째 책이 되는데요. 이 책은 제 수업을 듣고 영어가 좋아졌다고 말해주는 학생들, 내년에도 선생님이 우리 영어 선생님이었으면 좋겠다고 말해주는 학생들, 교원능력개발평가에서 긍정적인 피드백을 주는 고마운 학생들을 생각하며 집필했습니다. 특히 그중에서도 영어의 기초가 부족해 어려워하던 제 사랑스러운 제자들을 생각하며 집필했습니다.

이 책은 기존의 영어 문제집들과 달리 문제 중심이 아닌 기본 개념에 대한 설명과 소소한 공부법에 대한 팁들(tips)을 중심으로 소개했습니다. 책의 지면을 좀 더 알차게 활용하고자 개념에 대한 설명 위주로 담았으며 세부 확인 문제는 제 개인 블로그에 담아 제공하는 방식을 취했습니다.

현재 여러분이 중학교에서 공부하고 있는 영어 교과서는 '2015 개정 교육과정'에 의해 집필된 10여 권의 교과서 중 하나입니다. 2025년부터는 '2022 개정 교육과정'을 반영한 교과서가 중1부터 연차적으로 바뀌게 되는데요. 교육과정이 바뀌지만 그 속에 들어 있는 형식적인 부분은 크게 바뀌지 않습니다. 교과서별로 8~10개 정도의 단원이 있고 단원별로 2~3개 정도의 문법이 다뤄지고 있는 것은 거의 똑같으니까요. 이 책은 여러분이 어떤 교과서를 사용하든 여러분이 사용하는 교과서에서 다뤄지는 거의 모든 문법과 의사소통 기능(말하기) 및 어휘들을 학습하고 이해하는 데 도움을 줄 것입니다.

여러분이 이 책으로 공부하기로 마음먹었다면 매일 조금씩 공부하세요. 그리고 이 책을 총 10번 이상 읽어주세요. 영어 공부에서 가장 중요한 것은 지치지 않고 꾸준하게 하는 겁니다. 다만 절대 욕심은 부리지 마세요. 하루에 30페이지를 공부하고 이틀을 쉬는 것보다 매일 1~2페이지씩 하루도 빼먹지 않고 공부하는 쪽이 훨씬 더 좋은 방법입니다. 처음 읽을 때 이해되지 않는 부분은 과감하게 넘기셔도 좋습니다. 두 번째, 세 번째 읽을 땐 이해가 될 테니까요.

중학교에서 20년 이상 영어를 가르친 경험을 바탕으로 중학생 수준에서 알아야 하는 영어의 모든 것을 이 한 권에 담았습니다. 이 책을 선택한 모든 분이 영어에 대한 자신감을 가질 수 있기를 희망하며, 한 번 읽고 버

리는 책이 아니라 영어 공부에서 길을 잃을 때마다 꺼내 보는 길잡이 책이
되기를 바랍니다.

박병륜

차례

PART 3 중2 영어, 내 영어의 수준을 높여라

PART 4 중3 영어, 복잡한 문장에 도전하라

영어가 어려운 이유

여러분은 네 살 혹은 다섯 살 때부터 어린이집에서 영어를 배우기 시작했을 겁니다. 그런데 영어가 왜 이리 어려울까요? 초등학교 때도 학교와 학원에서 하루 1~2시간씩 공부를 했는데 말이죠. 또 중학교에 와서도 1주일에 3~4시간씩 영어 공부를 하고 있고 다른 학원은 안 다녀도 영어 학원은 꼭 다녔는데, 왜 내 영어 실력은 다른 친구에 비해 늘지 않는 걸까요?

저는 20년 이상 학교 현장에서 학생들을 가르치며 위와 같은 고민을 하는 학생들을 많이 만났습니다. 이 글을 읽고 있는 당신도 똑같은 고민을 하고 있다면, 아마도 당신은 다음 중 최소한 한 가지 이상에 해당할 거라 확신합니다. 만약 그렇다면 이 책은 당신을 위한 책입니다.

영어 공부를 무작정 하고 있지는 않나요?

어렸을 때부터 영어 공부를 왜 해야 하는지 모른 채 그냥 어른들이 영어는 잘해야 한다니까 막연하게 하고 있지는 않나요? 일곱 살 꼬마였을 때는 그랬다 쳐도 중학생 나이에 이유도 없이, 목표도 없이 그냥 공부한다는 건 말이 안 됩니다. 내가 왜 영어를 공부해야 하는지 잘 생각해보고 적절한 이유를 찾아보세요. 막연하게 국제화, 세계화 시대에 외국인들과의 의사소통을 위해 영어를 공부한다는 건 여러분 모두에게 해당하는 이유는 아닐 겁니다.

정말 솔직하게 영어를 왜 공부해야 하는지에 대한 나만의 이유를 찾아보세요. 예를 들어 요리사가 꿈인 당신은 왜 영어를 공부해야 할까요? '나중에 외국에서 요리할 수도 있으니까'라고 생각하는 것보다는 '내가 가고 싶은 A대학의 조리학과에 합격하기 위해'라고 생각하는 게 훨씬 현실적이고 동기부여가 되는 이유일 겁니다.

자신의 수준에 비해 너무 어려운 내용을 공부하고 있지는 않나요?

만약 그렇다면 이건 당신의 문제라기보다는 부모님이나 선생님들의 책임이 더 크다고 생각합니다. 초등학교 3학년 1학기를 다니던 시절 여러분의 책가방 안에는 3학년 2학기 혹은 4학년 이상의 문제집이 있었을 겁니다. 어른들은 현재보다 늘 앞서가야 한다며 선행 학습을 권했을 겁니다. 이런 상황에서 내 수준에 비해 너무 어렵다고 솔직하게 말할 수도 없었을 겁니다. 혹시라도 이 말에 공감이 되는 학생이 있다면 지금이라도 솔직하게 표현하세요. 이 책이 너무 어렵다고 말이죠.

현재 중1이라면 중2 이상의 교재가 아닌 중1 혹은 초등학교 교재로 다시 시작해보세요. 다른 친구보다 뒤처지는 게 아니냐고요? 절대 그렇지 않습니다. 충분히 따라갈 수 있어요. 이해도 안 되는데 교재 수준만 높여가는 학생은 영어를 잘하는 척하는 것이지, 실제로 잘하는 것이 아닙니다. 기초부터 다시 시작해서 머지않은 미래에 서서히 친구들을 따라잡는 쾌감을 느껴보시기 바랍니다.

띄엄띄엄 공부를 하고 있지는 않나요?

혹시 학교 수업이 있는 날 혹은 학원 수업이 있는 날에만 영어를 공부하지 않나요? 영어 공부는 매일 해야 합니다. 물론 현실적으로 여러분의 하루 스케줄이 정신없이 빡빡하다는 것을 잘 알고 있습니다. 매일 영어를 공부할 시간은 없다고 생각하겠죠. 그래도 매일 공부해야 합니다. 매일 해야 한다는 말은 매일 2시간, 3시간을 하라는 말이 아닙니다. 하루 10분 이상을 목표로 삼고 한 달 뒤에는 하루 20분, 그 다음에는 30분 이렇게 시간을 늘리되 하루도 빼먹지 않고 공부하는 습관을 만드는 것이 중요합니다.

하루를 쉬면 이틀을 고생하고, 이틀을 쉬면 나흘을 고생하게 되어 있습니다. 따라서 목표를 세우고 본인의 상황에 맞게 무리하지 않는 선에서 10분이든, 20분이든 매일 공부해보세요. '오늘 배운 것에 대한 복습' '내일 배울 것에 대한 예습' '하루 영단어 3개' 이런 식의 개인 목표를 세우고 꾸준하게 실천한다면 머지않아 매일 영어 공부를 1시간 이상 무리 없이 하게 될 겁니다.

너무 완벽하게 영어를 마스터하려고 고집하고 있지는 않나요?

학교에서 선생님이 "Does anyone know the answer?" 혹은 "Who wants to answer the next question?" 등의 질문을 하셨을 때, 너무 완벽한 답을 만드느라 다른 친구에게 말할 기회를 빼앗기지는 않나요? 여러분의 영어가 항상 완벽할 필요는 없습니다. 영어는 교과이기 이전에 언어거든요. 우리는 한국어 원어민이지만 일상생활에서 맞춤법, 띄어쓰기, 어법 등을 완벽하게 구사하지는 않잖아요? 영어 원어민들도 마찬가지입니다.

하물며 우리는 영어 원어민도 아니고 영어를 배우는 학생인데 틀리거나 실수하는 건 당연하죠. 공부한 것들을 완벽하게 마스터하지 않았더라도 기회가 될 때마다 표현해보세요. 실수를 하더라도 계속 표현하는 게 더 빨리 영어를 마스터할 수 있는 길입니다. 저는 개인적으로 "Practice makes perfect."라는 말을 좋아합니다. 계속 실수하고, 연습하고, 도전하면 머지않아 완벽에 가까운 영어를 구사할 수 있을 겁니다.

영어단어와 문법사항 외우는 걸 귀찮게 생각하지 않나요?

"내 영어가 왜 늘지 않는 거지?"라고 생각하는 사람들 중 대부분은 여기에 해당할 겁니다. 안타깝지만 외우질 않으니까 늘지 않는 거예요. 사실 이 글에 공감하는 사람들 역시 본인이 이런 문제를 갖고 있다는 걸 알고 있을 겁니다. 다만 외우기 귀찮을 뿐입니다. 수학처럼 공식을 이해하고 응용하면서 풀 수 있다면 좋겠지만, 영어는 언어 형식(문법)을 이해했더라도 단어를 외우지 않으면 문장을 만들기 어렵습니다.

예를 들어 동사의 과거형을 만들 때 '-ed'를 붙인다는 공식을 이해해서 play의 과거를 played로, work의 과거를 worked로 만드는 것까지는 웃으면서 공부하다가, 갑자기 bring의 과거가 brought이고 swim의 과거가 swam이고, break의 과거가 broke인 것을 보는 순간 책을 덮는 학생들도 있을 텐데요. 만약 거기서 책을 덮는다면 그 학생의 영어 실력은 딱 거기에서 멈추게 될 겁니다. 안타깝지만 외우는 걸 귀찮아하는 학생들은 어떤 교재라도, 어떤 선생님이라도 구제할 수 없습니다.

지금까지 제가 언급한 팁들을 참고해서 실천 가능한 작은 목표를 세워 매일 실천해보기 바랍니다. 하루에 단어 20개를 외우는 게 아니라 단어 1개를 외우는 것으로 시작해보세요. 시작이 반입니다. 하루하루 외우다 보면 어느 순간 재미를 느끼고 하루 10개, 20개의 단어를 외우는 자신을 발견하게 될 겁니다. 그때는 이 글을 읽었던 '영포자' 직전의 자신의 모습이 떠오르며 씩 웃게 되겠죠.

영어를 잘하는 옆 반 친구가 알려주는 비법

주변에 혹시 이런 친구가 있지 않나요? 시험 기간에 공부를 열심히 안 한 것 같은데 나보다 영어 성적이 잘 나오는 친구, 똑같이 준비했는데 나보다 수행평가 점수가 높은 친구, 듣기평가만 보면 항상 만점을 받는 친구, 나는 처음 본 영어단어인데 그 뜻을 이미 알고 있는 친구, 영어 학원을 안 다니는데 나보다 영어를 잘하는 친구 등, 그 친구는 어떻게 그렇게 좋은 결과를 낼 수 있는 걸까요? 그 친구의 '비법'은 무엇일까요? 제가 대신 알려드리겠습니다. 일명 '영어를 잘하는 옆 반 친구가 알려주는 비법!' 지금 공개합니다.

'의사소통 기능'을 공략하라(말하기)

영어 교과서의 모든 단원에는 '의사소통 기능'이라는 게 있습니다. 단원별로 보통 앞쪽에 'Listen and Speak' 같은 코너에 소개가 되는데요. 예를 들어 「I'm planning to…」라는 표현은 '의도 표현하기'라는 의사소통 기능으로, 「Don't forget to…」라는 표현은 '상기시켜주기'라는 의사소통 기능으로 교과서에 소개됩니다. 여러분의 영어 선생님은 여러분이 이런 교과서 속 핵심 의사소통 기능을 얼마나 자유롭게 말할 수 있는지를 수업 중 혹은 수행평가 등으로 평가하실 겁니다.

그렇다면 그 많은 '의사소통 기능'은 어디에서 오는 걸까요? 교과서 집필자들이 모두 창작하는 걸까요? 아닙니다. 영어 교과서 속 의사소통 기능들은 교과서 집필자가 만드는 것이 아니라 교육과정에 소개되는 것들입니다. 다시 말해 교육과정에서 이미 교과서 집필자들에게 이런 의사소통 기능을 사용하도록 가이드를 주는 것이고, 집필자들은 본인이 집필하는 단원에 어울리는 의사소통 기능을 골라 사용하는 것입니다.

여러분이 사용하는 영어 교과서 속 의사소통 기능들을 공부해보세요. 이때 해당 의사소통 기능 및 그에 따른 다양한 표현을 반복적으로 소리 내어 읽으면서 연습하기 바랍니다. 또한 핵심 표현을 제외한 나머지 부분에 나만의 예시를 넣어 다양하게 연습하는 것도 추천합니다. 예를 들어 교과서 속에 '관심이나 무관심 표현하기'라는 의사소통 기능의 예시로 "I'm fascinated by K-drama(나는 한국 드라마에 매료됐어)."가 나왔다고 합시다. 그렇다면 이를 응용해서 "I'm fascinated by Korean history(나는 한국 역사에 매료됐어)." 혹은 "I'm fascinated by Korean food(나는 한국 음식에 매료됐어)." 등의 문장을 예문으로 만들어 연습해보는 거죠.

이런 과정을 통해 여러분이 중학교 수준 혹은 그 이상의 말하기 표현들을 좀 더 자연스럽게 구사할 수 있을 것이라 확신합니다. 그리고 학교에서 시행되는 지필평가 및 말하기 수행평가에도 도움이 될 겁니다. 바쁜 여러분을 위해 제가 '2015 개정 교육과정'과 '2022 개정 교육과정' 속 의사소통 기능 중 핵심 표현을 요약한 파일을 개인 블로그에 올려놨으니 자유롭게 다운로드해 공부하시기 바랍니다.

▶ bit.ly/의사소통기능BEST30

듣기평가는 기출문제에 답이 있다(듣기)

학교 영어 수행평가에는 듣기평가라는 영역이 있습니다. 대부분의 학교는 이 듣기평가를 학교 자체에서 출제하지 않고, 전국 시·도교육청에서 공동으로 출제하는 문제를 이용하는데요. 2022년 기준으로 듣기평가는 학기별로 한 번 EBS 라디오를 통해 생방송으로 송출됩니다. 수행평가 비율은 학교별로 다르지만 보통 10~20% 정도로 배정되어 있습니다.

듣기평가를 한 번이라도 응시해봤던 학생이라면 의문이 들 겁니다. 수행평가는 수업 시간에 배운, 즉 학생들의 배움의 과정을 평가하는 게 원칙인데 듣기평가 문제는 수업 시간에 배운 적이 없는데 왜 평가받아야 하는지 말이죠. 맞습니다. 학교별 성적처리 규정을 보면 "수행평가는 일제고사 형태의 지필평가로 실시할 수 없으며, 학생의 학습과제 수행과정과 결과를 평가한다."라는 문구를 찾아볼 수 있습니다. 하지만 이 규정에도 예외가 있습니다. 바로 "단, 시·도교육청에서 공동으로 실시하는 영어 듣기평가는 수행평가로 간주할 수 있다."라는 문구입니다. 과정중심 평가의 취지에는 다소 어긋나지만 현실성을 감안해 영어 듣기평가를 학교 수행평가로 인정하는 겁니다.

그렇다면 수업 시간에 배운 적이 없는 듣기평가 실력을 어떻게 쌓을 수 있을까요?

정답은 바로 기출문제를 많이 풀어보는 것입니다. 검색창에 'EBS 중학 듣기' 혹은 'EBS 전국 영어 듣기평가' 등으로 검색하면 EBS가 제공하는 중학교 영어 듣기평가 기출문제(문제, 정답, 스크립트, 음성파일 등)를 무료로 받아볼 수 있습니다.

매일 기출문제 한 문제를 풀어보고 스크립트를 공부하면서 5~10분을 투자해보세요. 중학교 영어 듣기평가는 물론 고3 수능 영어 영역의 듣기평가 문제도 'a piece of cake(식은 죽 먹기)'가 될 테니까요.

글쓴이가 말하고자 하는 주제를 찾아라(읽기)

여러분이 영어를 공부하는 이유는 무엇인가요? 혹시 시험 문제의 정답을 고르기 위해서인가요? 그런 게 이유라면 너무 슬플 것 같아요. 물론 학교에 다닐 때는 시험이 중요할 겁니다. 하지만 길게 보면 문제의 정답을 고르는 것보다 일상생활에서 접하는 영어로 된 글을 읽고 재미를 느끼는 게 더 중요하다고 생각합니다.

학교 시험과 수능 영어에서 가장 핵심이 되는 영역은 읽기 영역입니다. 문제 유형에 상관없이 거의 대다수의 문제는 지문을 읽고 글쓴이가 하는 말이 무엇인지를 파악하면 풀 수 있는데요. 사실 이게 중2 수준까지는 크게 어렵지 않습니다. 지문이 짧고 글쓴이가 하는 말이 명확하게 묘사되어 있는 편이니까요. 하지만 중3을 넘어가는 순간 글이 길어져서 주제를 파악하기가 쉽지 않습니다.

그렇다면 영어 지문을 빠르고 정확하게 읽고 해석하려면 어떤 요령이 필요할까요? 중학교 수준의 영어단어와 문법을 늦어도 중3이 되기 전에 모두 마스터해야 합니다. 고등학교 수준의 긴 지문들을 짧은 시간에 이해하려면 문장 하나하나를 빠른 속도로 읽고 해석할 수 있어야 합니다. 그러려면 문장 구조를 만드는 단어와 문법을 최대한 많이 알고 있어야겠죠. 단순하게 단어만 알고 있으면 해석에 시간이 오래 걸립니다. 반드시 단어와 문법을 함께 공부해야 합니다.

쓰기는 생각보다 쉽지 않다(쓰기)

쓰기는 생각보다 쉽지 않은 영역입니다. 교육과정에서는 학생들이 문장을 구성할 수 있도록 가이드를 제공하고 있습니다. 이에 따라 대부분의 교과서에는 다양한 종류의 쓰기 활동 자료가 제공됩니다. 하지만 학교 수업 시간에 선생님께서 다루는 영역 중 가장 빈도수가 적은 게 '쓰기' 영역이기도 합니다.

그 이유는 일단 저 같은 영어 선생님조차 '쓰기'에 익숙하지 않기 때문입니다. 여러분이나 선생님들이나 모두 영어 원어민이 아니잖아요? '쓰기' 활동을 잘하기 위해서는 다른 영역에 비해 시간과 노력이 많이 필요합니다. 그런데 수업 시간이 짧으니 선생님 입장에서는 한계가 있는 겁니다.

그렇다면 쓰기 영역, 즉 내 writing 실력을 키우기 위해서는 학원을 다녀야만 하는 걸까요? 꼭 그렇지는 않습니다. 일단 중학교 교과서에 나오는 문법을 최대한 자세하게 공부하는 것을 추천합니다. 중학교 문법만 잘 알아도 문장을 구성하는 단어(word), 구(phrase), 절(clause) 등의 형태에 대해 어느 정도 자신이 생길 것입니다. 또한 여러분의 학교 영어 선생님이 수업 중 이런저런 이유로 교과서 속 쓰기 파트(Let's Write 혹은 Think and Write 등의 이름으로 구성된 영역)를 넘어가셨다면 집에서 혼자라도 꼭 공부해보세요. 해당 부분은 교과서 집필자들이 1년 이상 공을 들여 만든 완성도 높은 활동입니다. 따라서 이 부분을 학습하는 것만으로도 현 교육과정이 제시하고 있는 필수 목표 구문 및 쓰기 역량을 습득할 수 있을 것입니다.

교과서는 달라도 배우는 문법은 거의 똑같다(문법)

우리가 보통 '문법'이라고 말하는 건 교육과정에선 '언어 형식'이라고 부릅니다. 여러분이 공부하는 영어 교과서를 살펴보면 단원별로 본문 다음에 등장하는 'Language in Use' 혹은 'Focus on Grammar' 등의 이름으로 소개되는 영역이 있는데요. 이 부분에 보통 2~3개의 언어 형식이 등장합니다. 이것 또한 교과서 집필자들이 마음대로 정하는 게 아닌 교육과정에서 제시하고 있는 언어 형식 중 단원의 성격 및 해당 학년에 가장 잘 어울리는 것들을 집필자들이 고른 것입니다. 따라서 출판사는 달라도 중학교 영어 교과서 속에 등장하는 언어 형식, 즉 문법은 거의 비슷하다고 볼 수 있습니다.

저는 학생들에게 문법을 강조하는 편입니다. 영어의 말하기, 쓰기가 아무리 중요해도 중학교 수준의 문법을 알지 못하면 단어나 구 수준의 표현에만 머물게 되거든요. 문장(sentence) 이상의 수준을 구사하고 싶다면 중학교 문법을 반드시 숙지해야 합니다. 여러분의 학교 영어 교과서 속 문법을 잘 정리해보세요. 각자 갖고 있는 노트를 활용해서 기본 개념 및 관련 예문을 정리해놓는다면 곧 '걸어 다니는 문법 사전'이 될 수 있을 겁니다. 혼자 공부하기 힘들다면 지금 이 책과 같은 기본 해설서를 보는 것도 추천하며, 유튜브 등에서 볼 수 있는 무료 강의도 좋습니다.

아날로그 방식 vs. 앱 활용 방식(어휘)

어휘를 학습할 때 일명 '깜지'를 쓰듯 단어와 뜻을 종이에 수십 번씩 써서 외우기도 합니다. 그러나 대부분의 경우 도움이 되지 않습니다. 종이에 쓰는 것을 좋아한다면 반드시 예문과 함께 적는 것을 추천합니다. 예를 들어 'stand for'를 '~을 의미하다'라고만 쓰지 말고 "OMG stands for Oh My God."이라는 예문을 적어서 외우면 훨씬 도움이 될 겁니다.

제 블로그 '피러쌤의 중학영어'에 방문하시면 '2015 개정 교육과정'과 '2022 개정 교육과정'에 소개된 중·고등학교 영어단어 중 천 개의 필수 어휘와 예문이 담긴 유인물도 볼 수 있는데요. 예문을 통해 보다 효과적인 공부를 할 수 있을 겁니다.

지금 이 글을 읽고 있는 여러분 중 종이로 된 학습지보다는 스마트폰 앱을 활용한 학습에 익숙한 사람도 있을 겁니다. 만약 스마트폰 앱에 좀 더 친숙하다면 무료로 활용할 수 있는 어휘 학습 앱을 통해 단어를 공부하는 것도 좋은 방법입니다. 어휘 학습 앱을 활용하면 다양한 게임으로 단어를 학습할 수 있기에 지루하지 않고 재밌게 공부할 수 있습니다.

여기에서 한 가지 꼭 기억해야 할 게 있는데요. 그건 아날로그 방식이든, 앱 활용 방식이든 상관없이 가장 중요한 건 꾸준히 '반복'해야 한다는 겁니다. 하루에 5시간 씩 벼락치기로 1주일간 공부하는 것보다 하루에 10분이라도 매일 1년 365일 계속하는 게 훨씬 도움이 될 겁니다. 이렇게 해야 여러분이 공부하는 어휘들이 장기 기억 속에 오랫동안 남게 됩니다.

자, 그럼 이제 좀 더 세부적인 내용을 학습해볼까요?

HERE

PART 1

초등 영어,
꼭 알고 넘어가자

WE GO!

초등 영어 교과서 이야기

　초등학교 영어 교과서는 일상생활 속 의사소통 능력을 키우는 데 초점이 맞춰져 있습니다. 다시 말해서 중학교 영어에 비해 언어 형식(문법)보다는 음성 언어 사용 능력에 중점을 두고 있어서 어휘의 철자나 문법의 규칙들보다는 의사소통 기능을 활용한 듣기와 말하기 활동을 위주로 학습하게 됩니다.

　하지만 그렇다고 해서 어휘나 문법이 중요하지 않은 건 아닙니다. 교과서별로 약간의 차이는 있겠지만 초등학교 3~6학년 영어 교과서에 약 500~600개 정도의 신출어가 사용될 정도로 꽤 많은 어휘가 등장합니다 (중학교 1~3학년 교과서에 사용되는 신출어는 약 750~900개). 또한 교육과정 속에 초등학교 영어에 권장되는 문법도 구체적으로 제시되어 있고 실제로 상당 부분을 초등학교 영어 교과서에서 다루고 있습니다. 따라서 초등 영어에서도 기본적인 문법은 꼭 공부해야 합니다.

　초등학생들은 영어 교과서를 통해 단어부터 어구, 문장에 이르기까지 영어의 가장 기본적인 문장 구성 규칙들을 배우기 시작합니다. 초등학교 3~4학년의 경우 한 문장이 비교적 짧기 때문에 문법을 잘 알지 못하더라도 문장을 해석하는 데 큰 무리가 없을 수 있습니다. 하지만 한 문장의 길이가 좀 더 길어지는 5~6학년 때는 기본적인 문법을 알지 못하면 문장을 해석하는 데 어려움을 느낄 수 있습니다.

그렇다면 초등학교 영어 교과서에는 어떤 문법이 등장할까요? 이 역시 교과서별로 조금씩 차이는 있을 수 있지만 일반적으로 명사, 관사, 대명사, be동사, 일반동사, 조동사(can, may 등), 접속사(and, but, because 등)에 대한 개념이 나오고 현재, 과거, 미래, 현재진행형 등의 시제도 등장합니다. 더 나아가 비교급과 동명사, 명령문 등에 대한 간단한 기본 개념도 다루기 때문에 만만하게 생각해서는 안 됩니다. 초등 영어를 제대로 공부하지 않고 중학교에 간다면 큰 어려움을 겪을 수도 있습니다.

이 책은 전반적으로 중학교에 등장하는 문법에 대해 다뤘는데요. 중학교 영어를 본격적으로 공부하기 전에 초등 영어에서 꼭 알아야 하는 몇 가지 중요한 기본 개념에 대해 복습하는 시간을 갖고자 합니다. 먼저 명사, 관사, 대명사에 대해 살펴보고 문장 구성을 이해하는 데 꼭 필요한 기본 개념이라고 할 수 있는 품사, 문장성분, 문장의 종류에 대해서도 공부해보겠습니다. 중학교 영어를 배우기 전 꼭 알아야 하는 가장 기본적인 개념들이니 진지하게 공부해주기 바랍니다.

01
셀 수 있는 명사, 셀 수 없는 명사

돈(money)을 셀 수 없다고?

무슨 의미냐면요

영어의 명사에는 '셀 수 있는 명사'와 '셀 수 없는 명사'가 있습니다. 우리는 돈을 셀 수 있을 것 같지만, 셀 수 없습니다. 이렇게 돈처럼 우리 생각과는 달리 '셀 수 없는 명사'로 분류되는 것들이 있습니다. 셀 수 없기 때문에 a(an)을 붙여서 a money처럼 쓸 수 없고, -s나 -es 등을 붙여 복수형을 만들 수도 없습니다.

좀 더 설명하면 이렇습니다

mom(엄마), flower(꽃), park(공원), time(시간) 등과 같이 사람이나 물건 혹은 장소 등의 이름을 나타내는 말을 '명사'라고 합니다. 영어의 명사는 크게 '셀 수 있는 명사'와 '셀 수 없는 명사'로 구분되는데요. 일반적으로는 머릿속에 떠올렸을 때 셀 수 있을 것 같으면 '셀 수 있는 명사'에, 셀 수 없을 것 같으면 '셀 수 없는 명사'에 속합니다. 예를 들어볼까요?

● 셀 수 있는 명사 & 셀 수 없는 명사

셀 수 있는 명사	셀 수 없는 명사
friend(친구), pencil(연필) book(책), apple(사과) cat(고양이), desk(책상)	love(사랑), Peter(사람 이름) air(공기), water(물) money(돈), Canada(캐나다)

위 표에 나온 예시를 보면 '셀 수 있는 명사'에 속하는 단어들은 모두 여러분 머릿속에서 '하나, 둘, 셋' 이렇게 셀 수 있는 경우에 해당합니다. 예를 들어 '연필'을 떠올렸을 때 머릿속에서 '한 자루, 두 자루, 세 자루' 이렇게 셀 수 있으니 pencil은 '셀 수 있는 명사'에 속한다고 생각할 수 있습니다.

그렇다면 '사랑'이라는 명사는 어떤가요? 사랑을 '한 개, 두 개, 세 개'라고 세지는 않잖아요. 따라서 love는 '셀 수 없는 명사'에 속하는 겁니다. 가끔 money(돈), bread(빵), juice(주스) 같이 머릿속에 떠올렸을 때는 셀 수 있을 것 같은데 실제로는 '셀 수 없는 명사'에 속하는 것들도 있으니 주의하기 바랍니다.

● 셀 수 있는 명사의 복수형

셀 수 있다는 건 당연히 두 개 이상, 즉 복수로 표현할 수 있다는 뜻입니다. 영어에서는 명사의 복수형을 만들 때 일반적으로 명사의 끝에 −s를 붙입니다. 하지만 그렇지 않은 경우도 있는데요. 다음 표에서 그 규칙을 잘 알아보세요.

구분	방법	예시	
① 대부분의 명사	끝에 −s	desk → desks flower → flowers	book → books egg → eggs
② s, x, ch, sh, o로 끝나는 명사	끝에 −es	bus → buses watch → watches	box → boxes potato → potatoes
③ '자음+y'로 끝나는 명사	y를 i로 바꾸고 −es	city → cities cf) toy → toys 　　　모음	puppy → puppies
④ f, fe로 끝나는 명사	f, fe를 v로 고치고 −es	leaf → leaves	knife → knives
⑤ 불규칙	규칙 없음	sheep → sheep deer → deer woman → women tooth → teeth	fish → fish man → men foot → feet child → children

● 셀 수 없는 명사를 세는 방법

juice(주스)는 '셀 수 없는 명사'에 속하는데, 그럼 '주스 한 잔' 혹은 '주스 두 잔'은 어떻게 나타낼까요? 주스는 보통 유리잔에 담아서 마시니까 주스를 세는 게 아니라 유리잔을 세면 됩니다. 따라서 주스 한 잔은 a juice가 아닌 a glass of juice, 두 잔은 two juices가 아닌 two glasses of juice라고 표현할 수 있습니다. 아래 표에서 나머지 표현을 살펴봅시다.

구분	명사	예시
a cup of ~	tea, coffee	a cup of coffee(커피 한 잔) four cups of coffee(커피 네 잔)
a glass of ~	milk, water, juice	a glass of milk(우유 한 잔) two glasses of milk(우유 두 잔)
a piece of ~	paper, cake	a piece of paper(종이 한 장) six pieces of paper(종이 여섯 장)
a bowl of ~	rice	a bowl of rice(밥 한 그릇) two bowls of rice(밥 두 그릇)
a loaf of ~	bread	a loaf of bread(빵 한 덩이) ten loaves of bread(빵 열 덩이)

우리가 알아야 할 것

☑ 명사에는 '셀 수 있는 명사'와 '셀 수 없는 명사'가 있는데 money(돈)처럼 셀 수 있을 것 같지만 '셀 수 없는 명사'에 속하는 단어들에 주의해야 합니다.

☑ '셀 수 있는 명사'의 복수형은 명사의 끝에 -s나 -es를 붙여 나타내는데, 다른 규칙이 적용되는 것도 있으니 반복 학습해야 합니다.

☑ '셀 수 없는 명사'를 셀 때는 「a cup of ∼」나 「a glass of ∼」 같은 표현을 사용합니다.

Check Check 다음 보기 중 셀 수 없는 명사를 골라봅시다.

1. book (   )   2. cat (   )   3. milk (   )   4. lion (   )
5. peace (   )   6. China (   )

umbrella 앞에는 an,
uniform 앞에는 a?

무슨 의미냐면요

a를 쓸지 an을 쓸지는 셀 수 있는 명사의 첫소리, 즉 발음에 따라 결정 됩니다. umbrella[ʌmbrelə]의 첫소리(ʌ)는 모음이기 때문에 an을 써서 an umbrella라고 하지만 uniform[juːnɪfɔːrm]의 첫소리(j)는 자음이기 때 문에 a를 써서 a uniform이라고 나타내야 합니다.

좀 더 설명하면 이렇습니다

명사 앞에 사용하는 a, an 혹은 the를 '관사'라고 하는데요. a와 an은 정 해진 게 아니라는 뜻의 '부정(不定)관사'라는 이름으로 부르고, the는 어떤 걸 말하는지 정해졌다는 의미로 '정(定)관사'라고 합니다.

● 부정관사 a

부정관사 a는 다음과 같은 쓰임으로 사용됩니다.

① '하나'라는 뜻일 때

- **I have a dollar.**

  나에게는 1달러가 있다.

② '~마다'라는 뜻일 때

- **I brush my teeth four times a day.**

  나는 양치질을 하루에 네 번 한다.

③ '어떤'이라는 뜻일 때

- **A boy is waiting for you.**

  어떤 남자아이가 너를 기다리고 있어.

④ 불특정한 하나 혹은 어떤 종류 전체를 대표할 때

- **A lion is a dangerous animal.**

  사자는 위험한 동물이다.

● a 대신 an을 써야 할 때

명사의 첫소리가 자음이 아닌 모음으로 시작할 때 a 대신 an을 사용해야 합니다. 이때 주의할 것은 명사의 첫 번째 철자가 아닌 첫 번째 소리, 즉 '발음이 모음인지 아닌지'가 중요합니다. 예를 들어볼까요?

- **He is a singer.** vs. **He is an actor.**
  그는 가수다.   그는 배우다.
- **I need a banana.** vs. **I need an orange.**
  나는 바나나가 하나 필요하다.   나는 오렌지가 하나 필요하다.

위 예시들에서는 별로 헷갈리는 게 없을 겁니다. singer[sɪŋər]와 banana[bənænə]의 발음은 각각 /s/와 /b/라는 '자음'으로 시작되기 때문에 a를 쓴 것이고, actor[æktər]와 orange[ɔrɪndʒ]의 발음은 각각 /æ/와 /ɔ/라는 '모음'으로 시작하기 때문에 an을 쓴 것이죠. 하지만 다음 예시는 어떤가요?

- **Sam is a university student.** vs. **Sam is an honest student.**
  Sam은 대학생이다.   Sam은 정직한 학생이다.

얼핏 보면 이상하게 보일 수 있습니다. university의 철자는 모음 u로 시작하는데 a를 썼고 honest는 자음 h로 시작하는데 an을 썼으니까요. 하지만 위에서 여러분은 a와 an을 구분하는 기준이 철자가 아닌 '발음'이라는 걸 알았으니까 다시 살펴보면 그 이유를 알 수 있을 겁니다. 네, 맞아요.

university[junɪvɜrsəti]의 발음은 /j/라는 '자음'으로 시작하니까 a를 쓴 것이고, honest[ɑːnɪst]의 발음은 /ɑ/라는 '모음'으로 시작하니까 an을 쓴 것입니다. 여기서 h는 '묵음(silent letter)'입니다. 몇 가지 주의해야 할 표현을 다음 표에 정리했으니 잘 읽어보시기 바랍니다.

부정관사 a	부정관사 an
a university 대학 **a** uniform 유니폼 **a** European country 유럽 국가	**an** hour (한) 시간 **an** honest man 정직한 남자 **an** MVP 최우수 선수

● 정관사 the

정관사 the는 다음과 같은 쓰임으로 사용됩니다. 외우기보다는 "아, 이런 느낌으로 쓰는구나."를 파악하는 게 중요하답니다.

① 앞에 나온 명사를 다시 언급할 때

• I bought an apple. The apple was delicious.

나는 사과 하나를 샀다. 그 사과는 맛있었다.

② 말하는 사람과 듣는 사람이 이미 알고 있는 것을 언급할 때

• Everyone, please look at the screen.

여러분, 스크린을 좀 봐주세요.

③ 악기 이름 앞에

- **I can play the drums.**

  나는 드럼을 연주할 수 있다.

④ 세상에 하나밖에 없는 것 앞에

- **The moon moves around the earth.**

  달은 지구 주위를 돈다.

⑤ 최상급 앞에

- **Jack is the tallest boy in his class.**

  Jack은 그의 반에서 키가 가장 큰 소년이다.

● 관사가 불필요한 경우

지금까지 살펴본 a, an, the 같은 부정관사와 정관사가 항상 사용되는 건 아닌데요. 다음과 같은 경우에는 일반적으로 관사를 쓰지 않습니다. 예시를 살펴봅시다.

① 식사 이름 앞에

- **Why don't we have lunch together?**

  우리 점심 식사 같이 하는 게 어때?

② 교통·통신 수단 앞에

- **He went to Busan by bus.**

  그는 버스를 타고 부산에 갔다.

- **You can contact me by email.**

  너는 내게 이메일로 연락할 수 있어.

③ 관용 표현들

- **They don't watch TV.**

  그들은 TV를 안 본다(TV를 보다).

- **I go to school early.**

  나는 일찍 학교에 간다(학교에 가다).

- **You should go to bed now.**

  너는 지금 자러 가야 한다(자러 가다, 취침하다).

- **Don't go out at night.**

  밤에는 외출하지 마(밤에).

☑ 부정관사 a, an은 '하나' '~마다' '어떤'의 뜻으로 쓰일 때 혹은 어떤 종류 전체를 대표할 때 사용합니다.

☑ 단어의 첫소리 발음이 모음이면 a가 아닌 an을 써야 합니다.

☑ 정관사 the는 앞에 나온 명사를 다시 언급할 때, 말하는 사람과 듣는 사람이 이미 알고 있는 것을 언급할 때, 악기 이름 앞에, 세상에 하나밖에 없는 것 앞에, 최상급 앞에 사용합니다.

☑ 식사 이름, 교통·통신 수단, 관용 표현에는 관사를 사용하지 않습니다.

Check Check 다음 문장의 빈칸에 a 혹은 an을 써봅시다.

1. He is _____ middle school student.
2. He is _____ university student.
3. She waited for _____ hour.
4. She waited for _____ minute.

정답은 p.322

03
인칭대명사

I-my-me-mine을
외워보자

무슨 의미냐면요

'나는, 나의, 나를, 나의 것'을 영어로는 각각 'I, my, me, mine'이라고 쓰는데 이걸 주격, 소유격, 목적격, 소유대명사라고 합니다.

좀 더 설명하면 이렇습니다

명사를 대신해서 쓰는 말을 '대명사'라고 하는데, 그중 사람을 지칭하는 말인 I, you, he, she 등을 '인칭대명사'라고 합니다. 이 인칭대명사는 그 뜻에 따라 주격, 소유격, 목적격, 소유대명사로 나눠 생각할 수 있는데요. 아마 여러분 모두 초등학교 때 배웠을 거라 생각합니다. 혹시라도 아직 완벽하게 공부하지 못했다면 이번 기회에 꼭 알고 넘어가기 바랍니다.

만약 "(나는) 사랑한다 (그녀를)"이라고 해석되는 문장을 영작하려면 '나는'에 해당하는 인칭대명사와 '그녀를'에 해당하는 인칭대명사를 찾아서 해당 부분에 대입하면 됩니다. 그래서 다음과 같이 만들 수 있는 것이죠.

(나는) 사랑한다 (그녀를).

⋯▸ **I love her.**

나는 그녀를 사랑한다.

아래 예시와 '인칭대명사 표' 내용을 여러 번 공부해서 표를 안 보고도 필요한 인칭대명사를 사용할 수 있도록 연습하기 바랍니다.

(그들은) 알고 있다 (너의) 이름을.

⋯▸ **They know your name.**

그들은 너의 이름을 알고 있다.

(그는) 이다 (우리의) 친구.

⋯▸ **He is our friend.**

그는 우리의 친구이다.

(그것은) 아니다 (그녀의) 공이. (그것은) 이다 (내 것).

···▸ It's not her ball. It's mine.

그것은 그녀의 공이 아니다. 그것은 내 것이다.

인칭	수	뜻	주격 (~은/는/이/가)	소유격 (~의)	목적격 (~을/를)	소유대명사 (~의 것)
1인칭	단수	나	I	my	me	mine
	복수	우리	we	our	us	ours
2인칭	단수, 복수	너/너희들	you	your	you	yours
3인칭	단수	그(남자)	he	his	him	his
		그녀	she	her	her	hers
		(사람 이름)	Peter	Peter's	Peter	Peter's
		그것	it	its	it	
	복수	그들	they	their	them	theirs

☑ 인칭대명사는 주격, 소유격, 목적격, 소유대명사의 4단 변화 형태로 사용됩니다.

☑ 문장 속에서 어떤 의미로, 어떤 역할로 사용되는지 파악한 후 상황에 맞는 것을 사용할 수 있도록 공부해야 합니다.

Check Check   다음 문장의 빈칸에 알맞은 말을 써봅시다.

1. _____ watch TV every day.
   나는 매일 TV를 본다.

2. _____ is _____ uncle.
   그는 Ryan의 삼촌이다.

3. _____ is not _____ book. It's _____.
   그건 너의 책이 아니야. 그건 그녀의 것이야.

정답은 p.322

하나면 is
여러 개면 are

무슨 의미냐면요

　be동사를 사용할 때 일반적으로 주어가 단수면 is나 was를, 복수면 are나 were를 사용합니다.

좀 더 설명하면 이렇습니다

　영어에는 '~이다' 혹은 '(~에) 있다'라는 뜻을 가진 'be동사'라는 녀석이 있습니다. be동사는 주어와 시제에 따라 다르게 사용되는데 일반적으로 주어가 단수일 때는 is나 was, 복수일 때는 are나 were를 사용합니다. 주어가 I나 you일 때는 조금 다르게 적용되니 다음 표를 통해 공부해봅시다.

　　　　　　　1개 혹은 1명　현재　과거　2개 혹은 2명 이상　현재　복수

● 주어와 시제에 따른 be동사

주어			시제	
			현재 (~이다, ~[에] 있다)	과거 (~이었다, ~[에] 있었다)
단수	1인칭	I	am	was
	2인칭	you	are	were
	3인칭	he, she, it, Paul, Jenny	is	was
복수	1인칭	we	are	were
	2인칭	you		
	3인칭	they, Paul and Jenny		

위 표에서 우리는 am이나 is의 과거형은 was이고, are의 과거형은 were인 것을 알 수 있는데요. 다음 예문을 통해 그 쓰임을 확실히 익혀보도록 하겠습니다.

뜻	현재	과거
~이다 / ~이었다	I **am** a student. She **is** my coach. The bananas **are** cheap.	I **was** a student. She **was** my coach. The bananas **were** cheap.
~(에) 있다 / ~(에) 있었다	I **am** in the classroom. He **is** at school. They **are** in the office.	I **was** in the classroom. He **was** at school. They **were** in the office.

● be동사의 긍정문, 부정문, 의문문

이런 be동사가 사용된 문장은 크게 3가지(긍정문, 부정문, 의문문)로 나눠볼 수 있습니다. 보통 '주어+동사'로 시작하는 문장이 마침표(.)로 끝나는 평서문을 '긍정문'이라고 하고, not 같은 부정을 뜻하는 말이 있으면 '부정문', 물음표(?)로 끝나는 문장을 '의문문'이라고 하는데요. be동사가 사용된 긍정문을 부정문과 의문문으로 바꾸는 방법은 다음과 같습니다.

① be동사 뒤에 not을 붙이면 부정문

be동사가 쓰인 긍정문을 부정문으로 만드는 방법은 아주 간단합니다. 아래에서 보듯 be동사 뒤에 not만 붙이면 되거든요. 이때 해석은 '(~이)아니다' 혹은 '(~에) 없다' 등으로 할 수 있습니다.

긍정문 주어 be동사 나머지 .

부정문 주어 be동사 not 나머지 .

긍정문 **I am tired.** 나는 피곤하다.

···▶ **부정문** **I am not tired.** 나는 피곤하지 않다.

긍정문 **Julie was sleepy.** Julie는 졸렸다.

···▶ **부정문** **Julie wasn't sleepy.** Julie는 졸리지 않았다.
               was not

긍정문 We are in Seoul. 우리는 서울에 있다.

⋯▸ **부정문** We are **not** in Seoul. 우리는 서울에 있지 않다.

② be동사가 주어 앞으로 이동하면 의문문

be동사가 쓰인 긍정문을 의문문으로 만드는 방법도 아주 간단합니다. 아래에서 보듯 긍정문에서 주어와 be동사의 위치를 바꿔주면 되거든요. 다시 말해서 be동사를 문장의 제일 처음으로 옮기고 끝에 물음표만 붙여 주면 됩니다.

긍정문 　주어　　be동사　　나머지　　.

의문문 　be동사　　주어　　나머지　　?

긍정문 He is hungry. 그는 배가 고프다.

⋯▸ **의문문** Is he hungry? 그는 배가 고프니?

긍정문 Sam and his son were happy. Sam과 그의 아들은 행복했다.

⋯▸ **의문문** Were Sam and his son happy? Sam과 그의 아들은 행복했니?

의문문에 대한 대답은 다음과 같이 나타내는데요. 대답에 사용되는 주어는 의문문의 주어에 맞는 인칭대명사(I, you, he, she, it 등)를 사용해야 합니다.

의문문　**Is he hungry?**　그는 배가 고프니?

⋯▶ **대답**　**Yes, he is. / No, he isn't.**　응, 맞아. / 아니, 그렇지 않아.

의문문　**Were Sam and his son happy?**　Sam과 그의 아들은 행복했니?

⋯▶ **대답**　**Yes, they were. / No, they weren't.**
Sam and his son (X)
응, 그랬어. / 아니, 그렇지 않았어.

　　여기서 한 가지 주의할 게 있는데요. 의문문에서 you라고 물었을 경우 you로 답하지 않는다는 겁니다. '너는 ~?'이라는 질문에 '응, 너는⋯'이라고 답하지는 않겠죠. 따라서 '응, 나는⋯' 혹은 '응, 우리는⋯'이라는 의미로 답해야 하고, 학생들이 실수하기 쉬운 부분이기 때문에 학교 시험 문제에 종종 등장하는 일명 '낚시 문제'이기도 합니다.

의문문　**Are you nervous?**　너 긴장되니?

⋯▶ **대답**　**Yes, I am. / No, I'm not.**　응. / 아니.

우리가 알아야 할 것

☑ be동사는 '～이다' 혹은 '(～에) 있다'라는 뜻을 갖고 있으며, 현재 시제일 때는 am, are, is, 과거 시제일 때는 was, were를 사용합니다.

☑ be동사가 사용된 문장의 부정문은 be동사 뒤에 not을 붙여 만들 수 있으며, '～(이) 아니다' 혹은 '(～에) 없다' 등으로 해석할 수 있습니다.

☑ be동사가 사용된 문장의 의문문은 be동사와 주어의 위치를 바꿔서 나타낼 수 있으며, 그에 대한 대답은 'Yes, 인칭대명사+be동사' 혹은 'No, 인칭대명사+be동사+not'으로 할 수 있습니다.

Check Check 다음 문장을 주어진 조건대로 바꿔 써봅시다.

Michael was upset yesterday.

···▶ 부정문 _____

···▶ 의문문 _____

···▶ 대답 Yes,_____. / No,_____.

정답은 p.322

하나면 There is,
여러 개면 There are

무슨 의미냐면요

「There is/are…+~」 문장을 만들 때 '…'에 해당하는 부분이 단수면 is
나 was를, 복수면 are나 were를 사용합니다.

좀 더 설명하면 이렇습니다

「There is/are…+~」는 '~에…이/가 있다'라는 뜻을 갖고 있는 영어 표
현이며, 다음과 같이 나타냅니다.

● 긍정문

「There is/are…+~」 구조는 일반적으로 위치나 장소를 나타내는 전치

사와 함께 사용되며, 이때 기억해야 할 부분은 주어가 단수라면 is를, 복수라면 are를 사용하고, 과거시제일 경우 각각 was와 were를 사용한다는 겁니다.

(There is/are)　(주어)　(나머지)　(.)

- **There is a big stone on the ground.**
  단수
  땅 위에 커다란 돌이 하나 있다.

- **There are big stones on the ground.**
  복수
  땅 위에 커다란 돌들이 있다.

- **There was a big stone on the ground.**
  땅 위에 커다란 돌이 하나 있었다.

- **There were big stones on the ground.**
  땅 위에 커다란 돌들이 있었다.

● 부정문, 의문문

「There is/are…+~」 역시 be동사가 사용된 문장이기 때문에 앞에서 공부했듯이 be동사 뒤에 not을 써서 부정문을 만들 수 있습니다(하지만 부정문으로는 잘 사용되지 않음).

- There **isn't** any water in the bottle.
  <small>is not</small>

  병 속에는 어떤 물도 없다.

- There **aren't** any dogs in the park.
  <small>are not</small>

  공원에는 어떤 개도 없다.

의문문으로 만들 때는 be동사를 문장의 제일 앞으로 이동시키면 되며, Yes, there is/are 혹은 No, there isn't/aren't로 답합니다<small>(과거시제일 경우 Yes, there was/were 혹은 No, there wasn't/weren't)</small>.

긍정문　There were **many people in the festival.**

　　　축제에 많은 사람들이 있었다.

···▶　**의문문**　Were there **many people in the festival?**

　　　축제에 많은 사람들이 있었니?

···▶　**대답**　**Yes**, there were. / **No**, there weren't.

　　　응, 맞아. / 아니, 그렇지 않아.

☑ 주어가 단수면 There is, 복수면 There are를 사용합니다.

☑ 과거시제일 때는 There was 혹은 There were를 사용합니다.

☑ 부정문은 be동사 뒤에 not을 붙여서 나타내며, 의문문은 be동사를 문장의 제일 앞으로 이동시켜서 나타냅니다.

Check Check 괄호 속 단어 중 어법상 적절한 것을 골라봅시다.

1. There (is / are) some cookies on the plate.
2. There (was / were) a tall tree in front of his house.

정답은 p.322

8품사? 주어?
평서문?

무슨 의미냐면요

영어단어는 8가지 종류, 즉 8품사로 구분할 수 있고 이런 단어들이 문장 속에서 주어, 서술어, 목적어 등의 역할을 하면서 평서문이나 의문문 등의 종류로 사용될 수 있습니다.

좀 더 설명하면 이렇습니다

영어 문장은 다양한 구성요소로 이뤄져 있습니다. 다음 페이지에 나오는 예문은 '평서문'이라는 종류의 문장이며 대명사 They, 동사 like, 명사 pizza가 문장 속에서 각각 '주어' '서술어' '목적어'의 역할을 하고 있습니다. 잘 모르겠다고요? 괜찮습니다. 앞으로 차근차근 하나씩 알아볼 테니까요.

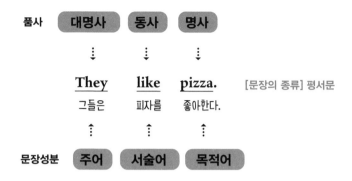

품사　대명사　동사　명사

⋮　⋮　⋮
↓　↓　↓

They　**like**　**pizza.**　[문장의 종류] 평서문
그들은　피자를　좋아한다.

⋮　⋮　⋮

문장성분　주어　서술어　목적어

　이런 각각의 구성요소가 무엇을 의미하는지 안다면 Part 2부터 본격적으로 설명하는 중학교 영어를 이해하는 데 큰 도움이 될 겁니다.

●품사

　영어단어는 다음과 같은 8가지 종류로 분류할 수 있습니다.

명사	사람, 동물, 사물의 이름을 나타내는 단어(주로 주어, 보어, 목적어 역할)
	Jenny, cat, bird, eraser, guitar, peace 등
대명사	명사를 대신하는 단어
	인칭대명사(I, my, me, mine…), 지시대명사(this, these, that, those…) 등
동사	주어의 동작이나 상태를 나타내는 단어('~다'로 해석됨)
	be동사(am, are, is…), 일반동사(play, like, work…), 조동사(can, will…) 등
형용사	주어의 형태나 특징을 나타내는 단어('~ㄴ'으로 해석됨)
	small, beautiful, expensive, tall, smart 등

부사	형용사, 부사, 동사, 혹은 문장 전체를 수식하는 단어(주로 '~하게'로 해석됨)	
	quickly, very, sadly, luckily, soon 등	
전치사	명사 혹은 대명사 앞에서 추가 정보를 제공하는 단어(주로 시간, 장소 등을 표현)	
	at, on, in, by, from, with, of 등	
접속사	'단어와 단어' 혹은 '문장과 문장' 등을 연결해주는 단어	
	and, or, but, so, when, because 등	
감탄사	놀람, 슬픔, 기쁨 등의 감정을 나타내는 단어	
	oh, oops, wow, ouch 등	

● 문장성분

영어의 문장은 다음과 같은 구성요소가 필요합니다.

주어 (~은/는, 이/가)	• 서술어(동사)의 주체가 되는 말(일반적으로 동사의 앞에 위치) • 주로 명사, 대명사가 주어 역할을 함
	You always make me happy. 너는 언제나 나를 행복하게 만든다.
서술어 (~다)	• 주어의 동작이나 상태를 서술하는 말 • 주로 동사가 서술어 역할을 함(따라서 '서술어' 대신 '동사'라는 말을 더 자주 사용함)
	You always make me happy. 너는 언제나 나를 행복하게 만든다.

목적어 (~을/를, ~에게)	• 서술어(동사)가 나타내는 동작의 대상이 되는 말 • 주로 명사, 대명사가 목적어 역할을 함
	You always make me happy. 너는 언제나 나를 행복하게 만든다.
보어	• 주어나 목적어를 보충 설명하는 말 • 주로 명사, 대명사, 형용사가 보어 역할을 함
	You always make me happy. 너는 언제나 나를 행복하게 만든다.
수식어	• 주어, 서술어(동사), 목적어, 보어 혹은 문장 전체를 꾸며주는 말 • 주로 부사가 수식어 역할을 함(따라서 '부사어'라고 부르기도 함)
	You always make me happy. 너는 언제나 나를 행복하게 만든다.

● 문장의 종류

영어의 문장은 해석에 따라 다음과 같은 종류로 구분할 수 있습니다.

평서문 (~다)	사실을 설명하는 문장이며 마침표로 끝남
	The boy runs fast. 그 소년은 빠르게 달린다.
의문문 (~인가?)	질문을 하는 문장이며 물음표로 끝남
	Does the boy run fast? 그 소년이 빠르게 달리니?

명령문 (~해라)	상대방에게 무언가를 시키는 뜻을 가진 문장이며 동사원형으로 시작하고 마침표나 느낌표로 끝남
	Run fast. 빨리 달려라.
감탄문 (~구나!)	감탄하는 뜻을 가진 문장이며 주로 느낌표로 끝남
	How fast! 정말 빠르구나!

우리가 알아야 할 것

☑ 영어단어는 8품사(명사, 대명사, 동사, 형용사, 부사, 전치사, 접속사, 감탄사)로 분류할 수 있습니다.

☑ 8품사는 문장 속에서 주어, 서술어, 목적어, 보어, 수식어 역할을 합니다.

☑ 영어 문장은 평서문, 의문문, 명령문, 감탄문으로 나눌 수 있습니다.

다음 문장의 빈칸에 적절한 용어를 써봅시다.

[품사] (   ) (   ) (   ) (   )

⇣   ⇣   ⇣   ⇣

He   studies   English   hard.

⇡   ⇡   ⇡   ⇡

[문장성분] (   ) (   ) (   ) (   )

[문장의 종류] (   )

정답은 p.322

이 영역을 같이 정리하는 이야기

지금까지 영어의 다양한 영역(말하기, 듣기, 읽기, 쓰기, 문법, 어휘)을 효율적으로 공부하기 위한 팁들과 초등학교 영어 교과서에 등장하는 몇 가지 문법 요소를 살펴봤습니다. 중학교 영어를 다루는 책에서 왜 초등학교 영어를 설명했을까요? 그건 지금까지 설명한 내용이 초등학교 영어에 처음 등장하는 것들이지만 중학교 영어, 더 나아가 고등학교 영어에도 큰 영향을 미치기 때문입니다. 다시 말하면 Part 1에 설명한 내용들을 알지 못한 상태에서는 Part 2에서 본격적으로 시작하는 중학교 영어를 이해하는 데 어려움을 느낄 수 있다는 말입니다.

"기본에 충실하라."라는 말이 있습니다. "에이, 초딩들이 배우는 영어 잖아요."라고 생각하지 말고 지금까지 나온 내용을 여러 번 반복해서 복습하시기 바랍니다. 다시 한번 강조하지만 지금까지 설명한 기초 개념을 반드시 알고 있어야 앞으로 이 책에 등장하는 개념들을 쉽게 이해할 수 있습니다.

앞에서 언급한 적 있는 "Practice makes perfect."라는 말을 한 번 더 언급해보겠습니다. "연습이 최고를 만든다." 즉 여러 번 연습하고 반복하다 보면 완벽에 가까워질 수 있다는, 어찌 보면 당연한 얘기인데요. 이 쉬운 말을 실천한다는 게 쉽지만은 않습니다. 도전해보세요. 제 말을 믿고 잘 따라와주신다면 여러분이 이 책을 다 학습한 후 마지막 페이지를 넘길 때 뿌듯한 미소를 지을 수 있을 거라 확신합니다. 학교 시험에 나오는 다양한 문제를 풀고 싶은 사람은 제 블로그를 방문해주세요.

▶ bit.ly/중학영어만점공부법Part1

HERE

PART 2

중1 영어,
기초실력 다지기

WE GO!

중1 영어 교과서 이야기

　Part 2부터는 본격적으로 중학교 영어에 대해 다뤄보려고 합니다. 먼저 중1 영어 교과서에 나오는 언어 형식(문법)에 대해 다뤄볼 예정인데요. 현재 전국에 있는 중학교에서 사용하는 영어 교과서는 총 10권이 넘기 때문에 여러분이 그중 어느 교과서를 사용하는지에 따라 약간의 차이는 있을 겁니다. 이 책에서 중1 영어 내용으로 다룬 문법이 여러분 교과서에는 중2 교과서에 등장할 수도 있다는 겁니다. 이 책에서 저는 영어 교과서 집필자로서, 또한 EBS 중학 영어 교재들의 집필자로서의 경험을 토대로 '2015 개정 교육과정'과 '2022 개정 교육과정'에 소개된 다양한 문법을 대략적이고 일반적인 학습 순서대로 나열했습니다.

　일단 중1 영어에서는 초등학교 때 배웠던 내용들을 다시 한번 언급하면서 기초를 잡아줍니다. 초등학교 때는 말하기 중심의 영어 학습을 했을 겁니다. 문법에 관해서는 자세히 다루지 않았을 거예요. 중학교는 조금 다르게 접근하는데요. 이제는 하나의 문법에 대해 왜 그런지 이유와 함께 자세한 설명을 접하게 되며 외워야 할 규칙들도 많이 등장합니다.

　중1 영어 교과서의 1~2과에는 be동사와 일반동사가 중점적으로 다뤄지는데요. 가장 조심해야 할 부분은 바로 '3인칭 단수'라는 녀석입니다. 현재시제 문장에서 주어가 3인칭 단수일 때 일반동사의 끝에 생기는 변화를 잘 알아야 합니다. 이와 함께 현재, 과거, 미래 등의 다양한 시제도 등장하게 됩니다. 여기서도 많은 학생이 힘들어하는 지점이 있습니다. 바로 과거시제를 배울 때 외워야 하는 '불규칙 동사'들이 많다는 것을 깨닫게 되는 시점인데요. 교과서에 따라 조금 다를 수 있지만 보통 중1 교과서의 2과 혹은 3과 정도에 소개되며 이 고비를 잘 넘기면서 이겨내야 합니다.

현재, 과거, 미래 시제와 함께 현재진행형과 과거진행형 시제까지 공부하면서 문장의 패턴을 조금씩 다양하게 늘려가게 되는데요. 이때 형용사와 부사의 비교급과 명령문과 감탄문 등의 다양한 유형의 문장도 배우면서 초등학교 영어와 차별되는 정도의 중학교 문장을 구성하기 시작합니다. 또한 중1 교과서의 후반부에는 중학교 영어의 언어 형식 중 가장 중요하다고 여겨지는 것들 중 하나인 'to부정사'와 '동명사'에 대한 기본 개념을 공부하게 됩니다.

자, 그럼 이제 '현재시제'부터 하나씩 시작해보겠습니다. 지금까지 포기하지 않고 이 책을 잘 따라왔다면 나머지 부분도 저를 믿고 잘 따라와줄 거라 믿습니다. 시작해볼까요?

I는 play,
He는 plays

무슨 의미냐면요

일반동사가 사용된 현재시제 문장 속에서 주어가 '3인칭 단수'일 때는 일반동사의 끝에 −s 혹은 −es를 붙입니다.

좀 더 설명하면 이렇습니다

be동사(am, is, are, was, were)나 조동사(can, will, should 등)를 제외한 나머지 동사를 '일반동사'라고 하는데요. 보통은 '~하다'라는 뜻으로 해석되며 일반적인 사실이나 반복적인 습관을 나타내는 동사(like, want, study, go, read, buy 등)를 말합니다.

● 긍정문

일반동사가 본연의 뜻 그대로 사용되어 '~하다'라는 긍정의 뜻으로 사용된 문장을 편의상 '긍정문'이라고 부릅니다. 현재시제일 경우 일반동사의 원형 그대로 사용하는데, 예를 들어서 "I study English."처럼 study라는 일반동사의 원형을 그대로 사용하는 거죠. 하지만 주어가 '3인칭 단수(he, she, it, Peter, the dog 등)'일 경우 일반동사의 끝에 변화가 생깁니다. "I study English."에서 주어(I)는 1인칭이라 study라고 썼지만, 만약 주어를 3인칭 단수인 He로 바꾼다면 "He studies English."라고 써야 합니다. 왜 study가 studies로 바뀌었을까요? 아래 표와 예문들을 살펴보면서 그 규칙을 찾아봅시다.

동사의 형태	변화	예시
대부분의 동사	-s	like → likes play → plays speak → speaks drink → drinks
-s, -ch, -sh, -o, -x	-es	pass → passes watch → watches finish → finishes go → goes do → does
자음+y	y를 i로 바꾸고 es	try → tries study → studies cf) enjoy → enjoys say → says 모음 모음
불규칙	불규칙	have → has

- **They** like **spaghetti.**

  그들은 스파게티를 좋아한다.

- **She** likes **spaghetti.**
  3인칭 단수
  그녀는 스파게티를 좋아한다.

- **You** have **a dog.**

  너는 개 한 마리를 갖고 있다.

- **Jenny** has **a dog.**
  3인칭 단수
  Jenny는 개 한 마리를 갖고 있다.

● 부정문

'부정문'이란 말 그대로 '~가 아니다'라고 해석되는, 즉 어떤 의미를 부정하는 문장을 말합니다. 일반동사가 쓰인 문장을 부정문으로 만들 때는 동사 앞에 don't(do not)를 써주면 됩니다. 이때 주어가 3인칭 단수(he, she, it 등)일 경우 don't 대신 doesn't(does not)를 써주는데요. 왜 그럴까요? 바로 위에 있는 표에서 봤듯이 'o'로 끝나는 동사의 경우 -s가 아닌 -es를 붙인다는 규칙이 있기 때문입니다(do→does).

긍정문	주어	일반동사	나머지	.
부정문	주어	don't/doesn't	일반동사(동사원형)	나머지	.

긍정문 **They like spaghetti.** 그들은 스파게티를 좋아한다.

···▶ **부정문** **They don't like spaghetti.** 그들은 스파게티를 좋아하지 않는다.
　　　　　　　　　동사원형

긍정문 **She likes spaghetti.** 그녀는 스파게티를 좋아한다.
　　　　　3인칭 단수

···▶ **부정문** **She doesn't like spaghetti.** 그녀는 스파게티를 좋아하지 않는다.
　　　　　　　　　likes (X)

여기서 한 가지 중요한 사실이 있습니다. don't나 doesn't 다음에는 반드시 동사의 원형을 사용해야 한다는 점인데요. 특히 doesn't 다음에 나오는 일반동사의 끝에 −s나 −es를 붙이지 않도록 주의해야 합니다. 즉 "She doesn't likes spaghetti."처럼 likes라고 썼다면 틀린 문장이 되는 것입니다. 다음 예문도 살펴봅시다.

긍정문 **You have a dog.** 너는 개 한 마리를 갖고 있다.

···▶ **부정문** **You don't have a dog.** 너는 개를 갖고 있지 않다.
　　　　　　　　　동사원형

긍정문 **Jenny has a dog.** Jenny는 개 한 마리를 갖고 있다.
　　　　　3인칭 단수

···▶ **부정문** **Jenny doesn't have a dog.** Jenny는 개를 갖고 있지 않다.
　　　　　　　　　has (X)

● **의문문**

'의문문'이란 말 그대로 '~인가?'라는 뜻의 질문을 하는 문장을 말합니다. 일반동사가 쓰인 문장을 의문문으로 만들 때는 문장의 제일 앞에 Do나 Does(주어가 3인칭 단수인 경우)를 써주면 되는데, 다음 공식과 예문을 통해 일반동사가 사용된 문장의 의문문을 만드는 방법을 익혀봅시다.

긍정문	주어	일반동사	나머지	.
의문문	Do/Does	주어	일반동사(동사원형)	나머지	?

긍정문 **They like spaghetti.** 그들은 스파게티를 좋아한다.

···▶ 의문문 Do **they like spaghetti?** 그들은 스파게티를 좋아하니?

긍정문 **She likes spaghetti.** 그녀는 스파게티를 좋아한다.

···▶ 의문문 Does **she like spaghetti?** 그녀는 스파게티를 좋아하니?
likes (X)

여기에서도 아주 중요한 사실이 하나 있습니다. 일반동사 문장의 의문문에서는 주어의 수나 인칭에 상관없이 반드시 '동사원형'을 써줘야 한다는 겁니다. 다시 말해 주어가 'She, He, It'처럼 3인칭 단수라도 일반동사의 끝에 −s나 −es를 붙이지 않는다는 말이죠. 예문을 몇 개 더 살펴볼까요?

긍정문 **You have a dog.** 너는 개 한 마리를 갖고 있다.

···▶ 의문문 Do **you have a dog?** 너는 개를 갖고 있니?

긍정문 **Jenny has a dog.** Jenny는 개 한 마리를 갖고 있다.

···▶ 의문문 Does **Jenny have a dog?** Jenny는 개를 갖고 있니?
has (X)

의문문에 대한 대답은 다음과 같이 긍정(Yes)이나 부정(No)으로 할 수 있습니다. 이때 대답에 사용되는 주어는 의문문의 주어에 맞는 인칭대명사(I, you, he, she, it 등)를 사용해야 합니다.

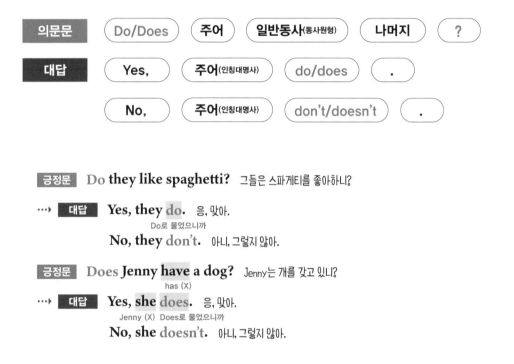

긍정문 Do **they like spaghetti?** 그들은 스파게티를 좋아하니?

···▸ 대답 **Yes, they do.** 응, 맞아.
　　　　　　Do로 물었으니까
　　　No, they don't. 아니, 그렇지 않아.

긍정문 Does **Jenny have a dog?** Jenny는 개를 갖고 있니?
　　　　　　　has (X)
···▸ 대답 **Yes, she does.** 응, 맞아.
　　　Jenny (X)　Does로 물었으니까
　　　No, she doesn't. 아니, 그렇지 않아.

여기서 중요한 건, 앞에서 be동사를 공부할 때 언급했듯이 의문문에서 you라고 물었을 경우 you로 답하지 않는 겁니다. '너는 ~?'이라는 질문에 '응, 너는…'이 아닌 '응, 나는…'이라고 답해야 한다는 걸 명심해야 일명 '낚시 문제'에 낚이지 않을 수 있습니다.

Do you have a dog? 너는 개를 갖고 있니?

⋯➔ **대답** **Yes, I do.** 응, 맞아.
          you (X)
          No, I don't. 아니, 그렇지 않아.

우리가 알아야 할 것

☑ be동사와 조동사를 제외한 '～하다'라는 뜻의 동사들을 일반동사(play, work, study, run, sit, read, think, make 등)라고 합니다.

☑ 주어가 3인칭 단수(he, she, it 등)일 때 현재시제 문장에서는 일반동사의 끝에 –s를 붙여주며, 경우에 따라 -es를 붙이거나 불규칙적인 변화도 생길 수 있습니다.

☑ 일반동사의 '부정문'은 일반동사 앞에 don't 혹은 doesn't를 써서 나타내며 그 뒤에는 반드시 동사원형을 써줍니다.

☑ 일반동사의 '의문문'은 Do 혹은 Does로 시작하며 뒤에 나오는 일반동사는 반드시 원형의 형태를 써줍니다.

Check Check 다음 문장을 주어진 조건대로 바꿔 써봅시다.

1. The girls like pizza.

⋯▸ 부정문 _____

⋯▸ 의문문 _____

2. Ted has a bike.

⋯▸ 부정문 _____

⋯▸ 의문문 _____

정답은 p.322

go의 과거가
goed면 얼마나 좋을까?

무슨 의미냐면요

　일반동사의 과거형은 보통 동사의 끝에 –ed를 써서 나타냅니다. 그러나 go의 과거형은 goed가 아닌 went이며, 영어에는 이런 불규칙 동사가 많이 있습니다.

좀 더 설명하면 이렇습니다

　일반동사를 과거시제로 만들 때는 일정한 규칙이 있는 경우도 있고, 그렇지 않은 경우도 있습니다. 전자에 해당하는 동사들을 '규칙동사'라고 하고 후자에 해당하는 동사들을 '불규칙동사'라고 하는데요. 기본적인 개념은 다음과 같습니다.

● 규칙동사

　일반동사의 과거형을 만들 때 동사의 원형에 −ed를 붙이는 경우가 가
장 일반적이라고 할 수 있는데요. 동사의 형태에 따라 약간의 변화도 있을
수 있기 때문에 다음 표를 보고 그 쓰임을 잘 익혀야 합니다.

동사의 형태	변화	예시	
대부분의 동사	동사원형+ed	play → played	watch → watched
		walk → walked	need → needed
e로 끝나는 동사	동사원형+d	like → liked	live → lived
		smile → smiled	move → moved
「자음+y」로 끝나는 동사	y를 i로 바꾸고 +ed	study → studied	cry → cried
		try → tried	reply→ replied
「자음+모음+자음」 으로 끝나는 동사	마지막 자음을 한 번 더 쓰고 +ed	stop → stopped	plan → planned
		hug → hugged	drop → dropped

● 불규칙동사

　일반동사의 과거형 중에는 −ed로 끝나는 동사들도 있지만 안타깝게
도 적지 않은 수의 동사들은 −ed를 붙이는 규칙을 따르지 않습니다. 예를
들어 go라는 동사의 과거형이 위 규칙을 따라서 goed라면 좋겠지만, 실
제 go의 과거형은 went라는 전혀 생뚱맞은 형태입니다.

안타깝게도 여러분이 외워야 하는 go와 같은 '불규칙동사'는 최소 100~150개 정도가 됩니다. 많은 학생이 일명 '영포자'로 전락하는 이유 중 하나가 바로 이 불규칙동사를 외우는 걸 힘들어하기 때문인데요. 그렇다고 이 녀석들을 외우지 않는다면 여러분은 앞으로 엄청나게 불편한 마음으로 영어를 공부하게 될 것입니다. 그리고 공부를 하면 할수록 "아, 불규칙동사를 알아야 편하겠구나."라는 생각을 하게 되겠죠.

너무 어렵게 생각하지는 마세요. 하루에 1~2개씩이라도 꾸준하게 외운다면 3~4개월 안에 불규칙동사를 마스터할 수 있을 겁니다. 아래 예시와 이 책의 제일 뒷부분에 나오는 불규칙동사 표를 수시로 공부해 자기 것으로 만들어보세요. 매일 꾸준히 암기한다면 앞으로 여러분의 영어 학습에 꽃길이 열릴 겁니다.

모음만 바뀌는 경우	불규칙	현재형과 같은 경우
come → came win → won drink → drank swim → swam get → got	go → went do → did buy → bought have → had eat → ate take → took	cut → cut put → put read → read [iː] [e]

● 긍정문, 부정문, 의문문

일반동사의 과거형이 사용된 문장의 긍정문, 부정문, 의문문은 다음과 같이 만들 수 있습니다. 앞에서 배웠던 현재시제 문장에서 do 혹은 does 를 사용했던 것이 기억날 텐데요. 과거형은 do나 does 대신 did를 사용한

do의 과거형

다는 것만 기억합시다.

긍정문 주어 │ 일반동사(과거형) │ 나머지 │ .

부정문 주어 │ didn't │ 일반동사(동사원형) │ 나머지 │ .

의문문 Did │ 주어 │ 일반동사(동사원형) │ 나머지 │ ?

대답 Yes, │ 주어(인칭대명사) │ did │ .

No, │ 주어(인칭대명사) │ didn't │ .

긍정문 **The boy had breakfast today.** 그 소년은 오늘 아침을 먹었다.

have의 과거형

···▶ **부정문** **The boy didn't have breakfast today.** 그 소년은 오늘 아침을 먹

had (X)

지 않았다.

긍정문 **The boy had breakfast today.** 그 소년은 오늘 아침을 먹었다.

···▶ **의문문** **Did the boy have breakfast today?** 그 소년은 오늘 아침을 먹었니?

had (X)

···▶ **대답** **Yes, he did.** 응, 맞아.

the boy (X) Did로 물었으니까

No, he didn't. 아니, 그렇지 않아.

앞 예문의 긍정문은 have(먹다)의 과거형인 had가 사용된 과거시제의 문장입니다. 부정문에서는 시제가 과거이기 때문에 don't나 doesn't가 아닌 didn't를 사용했습니다. 그런데 중요한 건 don't와 doesn't를 사용했을 때와 마찬가지로 didn't 역시 뒤에 '동사원형(have)'을 사용해야 한다는 겁니다. 의문문 또한 Do나 Does가 아닌 Did를 사용하며, 대답은 did와 didn't를 사용해야 합니다.

우리가 알아야 할 것

☑ 일반동사는 과거형을 만들 때 끝에 -ed를 붙이는 '규칙동사'와 그렇지 않은 '불규칙동사'로 나눌 수 있습니다.

☑ 긍정문, 부정문, 의문문을 만드는 방식은 현재시제와 유사하며, do(does)의 과거형인 did를 사용한다는 차이점이 있습니다.

☑ 100~150개 정도의 불규칙동사들을 시간이 될 때마다 공부해놓아야 앞으로 나오는 문법들을 쉽게 공부할 수 있습니다.

Check Check 다음 문장을 주어진 조건대로 바꿔 써봅시다.

1. She tried her best.

...▸ 부정문 _____

...▸ 의문문 _____

2. Sam made a gift box.

...▸ 부정문 _____

...▸ 의문문 _____

정답은 p.322

현재 하는 중이라면
현재형이 아닌 현재진행형으로

무슨 의미냐면요

'(현재) ~하고 있는 중이다'라고 해석되는 문장을 영어에서는 '현재진행형'이라고 합니다.

좀 더 설명하면 이렇습니다

영어의 여러 시제 중 '진행형'이라고 부르는 시제가 있는데요. 대표적으로 '(현재/지금) ~하고 있는 중이다'라는 뜻의 '현재진행형'과 '(그때) ~하고 있었다'라는 뜻의 '과거진행형'이 있습니다. 현재진행형, 과거진행형은 현재형, 과거형과 어떤 차이가 있을까요? 기본적인 개념은 다음과 같습니다.

● 현재진행형

영어에서 '현재형(현재시제)'은 일반적인 사실 및 상황을 나타낼 때 사용합니다. 다시 말해서 '현재형'은 과거에도 그랬고, 지금도 그렇고, 앞으로도 그럴 가능성이 높을 때 사용합니다. 하지만 현재 시점에 일어나고 있는, 즉 진행되고 있는 동작이나 상태를 나타낼 때는 '현재형'이 아닌 '현재진행형'으로 나타내며 그 형태는 다음과 같습니다.

> **am, is, are + 동사-ing**
> **: (지금) ~하고 있다, ~하고 있는 중이다**

a. **Jiho studies English.**

지호는 영어를 공부한다.

b. **Jiho is studying English.**

지호는 영어를 공부하는 중이다.

예문 a는 '현재형'으로 사용된 문장으로서 지호가 영어를 공부한다는 일반적인 사실을 말한 문장입니다. 그런데 지호가 잠도 안 자고 24시간 영어를 공부하지는 않겠죠. 지호가 지금(현재) 영어 공부를 하고 있는 중이 아닌 밥을 먹고 있는 중이더라도 "Jiho studies English."라고 말할 수 있습니다.

하지만 예문 b는 지금 지호가 하고 있는 동작을 묘사하는 '현재진행형' 문장입니다. 지금 지호가 다른 동작(행동)이 아닌 영어를 공부하는 행동을 취하고 있음을 의미합니다. 위 예문을 통해 '현재형'과 '현재진행형'의 의미 차이를 이해하면 아래 내용들을 이해하는 데 큰 도움이 될 겁니다.

그렇다면 진행형 시제를 만들 때 필요한 「동사 + ing」를 만드는 방법을 구체적으로 살펴볼까요? 동사의 끝에 −ing를 붙이는 딱 한 가지 규칙만 적용되면 좋을 텐데, 영어는 대부분 그렇게 쉽게 가는 법이 없습니다. 동사의 과거형을 만드는 규칙이 −ed를 붙이는 것만이 아니었던 것처럼 말이죠. 다음 표와 같이 경우에 따라 약간의 변형된 규칙이 적용되니 잘 보고 머릿속에 저장해놓기 바랍니다.

구분	규칙	예시
대부분의 동사	동사의 끝에 +ing	play → playing watch → watching walk → walking eat → eating
e로 끝나는 동사	e를 빼고 +ing	make → making come → coming smile → smiling move → moving
「자음+모음+자음」으로 끝나는 동사	마지막 자음을 한 번 더 쓰고 +ing	run → running plan → planning swim → swimming get → getting
ie로 끝나는 동사	ie를 y로 바꾸고 +ing	lie → lying die → dying

그렇다면 현재진행형 문장의 부정문은 어떻게 만들까요? 앞에서 be동사 문장의 부정문은 be동사 뒤에 not을 써서 만든다고 배웠습니다. 현재진행형 문장도 똑같습니다. be동사 뒤에 not을 넣으면 '~하고 있지 않다'라는 뜻의 부정문이 되는 것이죠.

긍정문 **They are eating apples.** 그들은 사과를 먹고 있다(있는 중이다).

···▸ **부정문** **They are not eating apples.** 그들은 사과를 먹고 있지 않다.

이번에는 의문문과 그에 따른 대답을 살펴볼까요? 의문문 역시 앞에서 배운 be동사 문장의 방식과 똑같이 긍정문 속 주어와 be동사의 위치를 바꿔서 만들 수 있습니다.

긍정문 **They are eating apples.** 그들은 사과를 먹고 있다(있는 중이다).

···▸ **의문문** **Are they eating apples?** 그들은 사과를 먹고 있니?

···▸ **대답** **Yes, they are.** 응, 맞아.

　　　　　　 No, they aren't. 아니, 그렇지 않아.

● 과거진행형

과거진행형은 현재가 아닌 과거에 '~하고 있었다'라고 해석되는 문장입니다. 현재진행형 문장의 구조에서 be동사의 현재형(am, is, are)이 아닌 과거형 was 혹은 were를 사용해 다음과 같이 나타낼 수 있습니다.

　　과거진행형 문장의 부정문과 의문문은 어떻게 만들까요? 현재진행형과 똑같습니다. 부정문은 be동사의 뒤에 not을 써서 나타내고, 의문문은 주어와 be동사의 위치를 바꿔서, 다시 말해 be동사를 문장의 제일 앞으로 이동시켜 나타낼 수 있습니다.

긍정문　**They** were **eating apples.**　그들은 사과를 먹고 있었다.

···▶ **부정문**　**They** were not **eating apples.**　그들은 사과를 먹고 있지 않았다.

···▶ **의문문**　**Were they eating apples?**　그들은 사과를 먹고 있었니?

···▶ **대답**　**Yes, they** were.　응, 맞아.

　　　　　No, they weren't.　아니, 그렇지 않아.

우리가 알아야 할 것

☑ 현재진행형은 「be동사(am, is, are)+동사 −ing」로 나타내며 동사의 끝에 ing를 붙이는 다양한 방법을 알아놔야 합니다.

☑ 과거진행형은 현재진행형 구조에서 be동사를 과거형인 was 혹은 were를 사용해 만들 수 있습니다.

Check Check **우리말 뜻을 참고해 문장을 완성해봅시다.**

1. She _____(swim) at the beach.

   그녀는 해변에서 수영을 하고 있다.

2. We _____(have) lunch at that time.

   우리는 그때 점심을 먹고 있지 않았다.

정답은 p.322

will과 be going to의 뜻이 다르다고?

무슨 의미냐면요

미래시제를 표현할 때 사용하는 조동사 will은 be going to로 바꿀 수 있지만 엄밀히 말하면 이 둘의 뜻이 100% 일치하는 건 아닙니다.

좀 더 설명하면 이렇습니다

앞으로 일어날 미래에 대한 시제를 '미래시제'라고 말하는데요. 미래시제는 will이나 be going to를 사용해서 다음과 같이 나타낼 수 있습니다.

● will / be going to+동사원형

will은 일반적으로 주어의 의지 혹은 미래에 대한 막연한 예측을 나타낼 때 사용하며 '~할 것이다'라고 해석할 수 있습니다. 이때 will은 조동사이기 때문에 그 뒤에 오는 동사(be동사나 일반동사)는 반드시 원형의 형태를 써야 합니다.

- **I will tell her the truth.**
  동사원형
  나는 그녀에게 진실을 말할 거야.
- **We will have dinner in the near future.**
  동사원형
  우리는 조만간 저녁을 먹을 거야.

be going to 역시 미래시제에 사용되면서 '~할 것이다'라고 해석할 수 있습니다. will이 미래에 대한 '막연한 예측'을 나타낼 때 주로 사용된다면, be going to는 상대적으로 '이미 예정된 미래(혹은 계획된 일들)'에 대해 말할 때 주로 사용하며 be going to 다음에도 역시 동사의 원형을 써야 합니다. 다음 예문을 통해 미세한 차이점을 구분해봅시다.

a. We will have dinner in the near future.

우리는 조만간 저녁을 먹을 거야.

b. We are going to have dinner tomorrow.

우리는 내일 저녁을 먹을 거야.

예문 a는 '우리'가 조만간 저녁을 먹을 건데 아직 언제, 어디에서 먹을 건지 구체적으로 계획을 세운 게 아닐 가능성이 높습니다. 반면 예문 b에서 '우리'는 내일 저녁을 먹기로 이미 계획을 세웠고, 정황상 시간 및 장소 또한 다 정해졌을 가능성이 높은 것이죠.

물론 예문 a에 will 대신 are going to를, b에 are going to 대신 will을 사용했다고 해서 어법상 틀린 건 아닙니다. 다만 원어민들은 주어의 의지나 막연한 예측을 나타낼 때는 will을, 이미 예정된 미래를 나타낼 때는 be going to를 더 많이 사용한다는 사실을 알면 좀 더 자연스러운 영어를 구사할 수 있을 겁니다.

● 부정문과 의문문

그렇다면 미래시제 문장의 부정문과 의문문은 어떻게 나타낼까요? will은 조동사라는 개념에 속하는 단어인데요. 뒤에서 다시 언급하겠지만 조동사가 있는 문장의 경우 그 뒤에 not을 붙여서 부정문을 나타내며, 의문문의 경우 조동사를 문장의 제일 앞으로 이동시켜서 나타냅니다. 따라서 will이 사용된 문장의 부정문은 will 뒤에 not을 붙여서 will not 혹은 그 줄임말인 won't를 써서 만들 수 있고, 의문문은 will을 문장의 제일 앞으로 이동시켜서 만들 수 있습니다.

긍정문　**Tony will travel to Paris.**　Tony는 파리로 여행을 갈 것이다.
동사원형

⋯▸ 부정문　**Tony will not travel to Paris.**　Tony는 파리로 여행을 가지 않을 것
won't
이다.

`긍정문` **Tony will travel to Paris.** Tony는 파리로 여행을 갈 것이다.

···▶ `의문문` **Will Tony travel to Paris?** Tony는 파리로 여행을 갈 거니?

···▶ `대답` **Yes, he will.** 응, 맞아.
　　　　　Tony (X) will로 물었으니까
　　　　No, he won't. 아니, 그렇지 않아.

그렇다면 be going to가 사용된 문장에는 어떤 방식이 적용될까요? 생각보다 간단합니다. be going to는 be동사가 사용된 표현이기 때문에 앞에서 배운 be동사 문장과 똑같은 방식으로 부정문과 의문문을 만들 수 있습니다. 기억나죠? be동사가 사용된 문장의 부정문은 be동사 뒤에 not을 붙여서, 의문문은 be동사를 문장의 제일 앞으로 이동시켜 만들 수 있다는 사실을요.

`긍정문` **Tony is going to travel to Paris.** Tony는 파리로 여행을 갈 것이다.
　　　　　　　　　　　　동사원형

···▶ `부정문` **Tony is not going to travel to Paris.** Tony는 파리로 여행을 가지 않을 것이다.

···▶ `의문문` **Is Tony going to travel to Paris?** Tony는 파리로 여행을 갈 거니?

···▶ `대답` **Yes, he is.** 응, 맞아.
　　　　　Tony (X) Is로 물었으니까
　　　　No, he isn't. 아니, 그렇지 않아.

한편 계획된 미래를 나타낼 때 현재진행형을 사용하기도 합니다.

- **I'm going to have dinner with Jenny today.**

  나는 오늘 Jenny와 저녁을 먹을 것이다.

  = I'm having dinner with Jenny today.

우리가 알아야 할 것

☑ 미래시제를 표현할 때 will이나 be going to를 사용할 수 있습니다.

☑ 부정문은 not을 이용하여 「will not(won't)」 혹은 「be동사+not+going to」라고 써서 표현하며, 의문문은 will 혹은 be동사를 문장의 제일 앞으로 이동해서 만들 수 있습니다.

Check Check 다음 문장의 부정문과 의문문을 완성해봅시다.

Ron will tell us the truth.

⋯▶ 부정문: Ron _____ tell us the truth.

⋯▶ 의문문: _____ Ron _____ us the truth?

정답은 p.322

비교급이라고 무조건
-er을 붙이는 게 아니다?

무슨 의미냐면요

비교급을 만들 때 보통은 형용사나 부사의 원급 표현에 −er을 붙여서 만들지만 bad의 비교급이 worse인 것처럼 그렇지 않은 것들도 있습니다.

좀 더 설명하면 이렇습니다

영어의 형용사와 부사는 '원급 → 비교급 → 최상급'으로 변화될 수 있습니다. 원급은 형용사나 부사의 끝에 아무것도 붙이지 않은 사전에 나오는 딱 그대로의 상태를 말합니다. 비교급과 최상급은 형용사나 부사의 끝에 각각 −er이나 −est를 붙인 형태를 말하는데요. 언제나 그렇듯이 이 규칙에도 예외적인 것들이 있으니 다음 설명을 통해 잘 익혀두기 바랍니다.

● 원급 비교

형용사나 부사가 사전에 나오는 상태 그대로 아무것도 붙지 않은 형태를 '원급'이라고 합니다. 보통 다음과 같은 형태로 사용됩니다.

> **as + 원급 + as**
> **: ~만큼 …한**

- **Bomi is as tall as I am.**
  형용사 tall의 원급
  보미는 나만큼 키가 크다.

- **He can run as fast as I can.**
  부사 fast의 원급
  그는 나만큼 빨리 달릴 수 있다.

위 예문들처럼 두 사람(사물)을 비교한 기준이 동등할 때 원급 비교를 사용해서 묘사할 수 있는데요. 만약 동등하지 않다면 not을 사용해 부정문으로 만들 수 있습니다.

- **Bomi is not as tall as I am.**

  보미는 나만큼 키가 크지 않다.

- **He cannot run as fast as I can.**

  그는 나만큼 빨리 달릴 수 없다.

● 비교급 비교

형용사나 부사를 비교급으로 만들어서 두 사람(동물, 물건 등)을 비교할 수 있습니다. 보통 다음과 같은 패턴으로 사용됩니다.

> 비교급 + than ~
> : ~보다 …한

- **Bomi is taller than I am.**
  = than me
  보미는 나보다 키가 더 크다.

- **He can run faster than I can.**
  그는 나보다 더 빨리 달릴 수 있다.

일반적으로 형용사나 부사의 비교급 표현은 위 예문 속 taller와 faster 처럼 뒤에 -er을 붙여서 나타냅니다. 하지만 happy의 비교급이 happier 인 것처럼 그렇지 않은 경우도 있으니 다음 표를 보고 잘 익혀두기 바랍니다.

형용사와 부사		원급 – 비교급
대부분의 경우	끝에 +er	tall - taller cold - colder old - older smart - smarter
e로 끝나는 경우	끝에 +r	nice - nicer large - larger simple - simpler wise - wiser
y로 끝나는 경우	y를 i로 바꾸고 +er	heavy - heavier easy - easier happy - happier early - earlier
「자음+모음+자음」으로 끝나는 경우	마지막 자음을 한 번 더 쓰고 +er	hot - hotter thin - thinner big - bigger fat - fatter
3음절 이상의 경우 (일부 2음절)	more ~	beautiful - more beautiful famous - more famous
불규칙	규칙이 없음	good - better bad - worse many/much - more far - farther

● 비교급 강조

아래처럼 '훨씬'이라는 뜻의 표현들을 사용해서 비교급을 강조할 수 있습니다.

> **much, even, far, still, a lot + 비교급 + than**
> very (X)

- **Bomi is** much **taller than I am.**

  보미는 나보다 키가 훨씬 더 크다.

- **He can run** a lot **faster than I can.**

  그는 나보다 훨씬 더 빨리 달릴 수 있다.

● the 비교급, the 비교급

비교급 표현을 다음과 같이 응용할 수도 있습니다.

> the 비교급(+주어+동사), the 비교급(+주어+동사)
> : ~하면 할수록 더 …한/하게

- **The older we grow, the wiser we become.**

  우리는 나이를 먹을수록 점점 더 현명해진다.

  = As we grow older, we become wiser.

- **The higher you climb, the farther you see.**

  far의 비교급

  당신이 더 높이 올라갈수록 점점 더 멀리 본다.

  = As you climb higher, you see farther.

- **The fresher an apple is, the better it tastes.**

  good의 비교급

  사과가 신선하면 할수록 더 맛있다.

  = As an apple is fresher, it tastes better.

우리가 알아야 할 것

☑ 원급 비교는 「as + 원급 + as」로 나타낼 수 있습니다.

☑ 비교급 비교는 「비교급 + than」으로 나타낼 수 있습니다.

☑ 비교급을 강조하는 표현에는 much, even, far, still, a lot이 있습니다.

☑ 「the 비교급, the 비교급」 구조는 '~하면 할수록 더 …한/하게'라는 뜻으로 사용됩니다.

Check Check 다음 단어의 비교급 표현을 써봅시다.

1. wise - (   )   **2.** good - (   )

3. pretty - (   )   **4.** interesting - (   )

정답은 p.322

비교급으로
최상급 의미를 나타낸다고?

무슨 의미냐면요

비교급(-er) 표현을 이용해 최상급의 뜻을 나타낼 수 있습니다.

좀 더 설명하면 이렇습니다

앞에서 우리는 '원급 비교'와 '비교급 비교'라는 문법에 대해 살펴봤습니다. 여기에서는 '최상급 비교'에 대해 살펴보고, 비교급 표현을 사용해서 최상급의 의미를 나타내는 방법도 살펴보도록 하겠습니다.

● 최상급 비교

여러 사람, 동물, 물건 중에서 '가장 ~한'이라는 뜻을 나타내는 형식을

'최상급'이라고 합니다. 최상급은 보통 the와 함께 사용되며 다음과 같은 형식을 취하는 게 일반적이지만, 부사의 최상급 앞에는 the를 생략하기도 합니다.

> ① the + 최상급 + of + 기간(혹은 복수명사)
> : ~중에서 가장 …한/하게
> ② the + 최상급 + in + 장소(집단)
> : ~에서 가장 …한/하게

- **Today is the hottest day of the year.**
  기간
  오늘은 1년 중 가장 더운 날이다.

- **Bomi is the tallest girl of the students.**
  복수명사
  보미는 학생들 중 가장 키가 큰 소녀이다.

- **It's the oldest building in this city.**
  장소
  그것은 이 도시에서 가장 오래된 건물이다.

- **Bomi is the tallest girl in her class.**
  집단
  보미는 학급에서 가장 키가 큰 소녀이다.

- **Jimin is the fastest student in his class.**
  지민이는 학급에서 가장 빠른 학생이다.

- **Jimin runs (the) fastest in his class.**
  부사의 최상급 앞에서 the 생략 가능
  지민이는 학급에서 가장 빠르게 달린다.

일반적으로 형용사나 부사의 최상급 표현은 예문 속 tallest와 fastest처럼 뒤에 −est를 붙여서 나타냅니다. 하지만 far의 최상급인 farthest처럼 그렇지 않은 경우도 있으니 다음 표를 보고 잘 익혀두기 바랍니다. 앞에서 공부한 비교급과의 비교를 위해 비교급과 최상급 표현을 함께 제시하겠습니다.

형용사와 부사		원급 − 비교급 − 최상급
대부분의 경우	끝에 +er/est	tall - taller - tallest cold - colder - coldest old - older - oldest smart - smarter - smartest
e로 끝나는 경우	끝에 +r/st	nice - nicer - nicest large - larger - largest simple - simpler - simplest wise - wiser - wisest
y로 끝나는 경우	y를 i로 바꾸고 +er/est	heavy - heavier - heaviest easy - easier - easiest happy - happier - happiest early - earlier - earliest
「자음+모음+자음」 으로 끝나는 경우	마지막 자음을 한 번 더 쓰고 +er/est	hot - hotter - hottest thin - thinner - thinnest big - bigger - biggest fat - fatter - fattest

3음절 이상의 경우 (일부 2음절)	more ~/ most ~	beautiful - more beautiful - most beautiful famous - more famous - most famous
불규칙	규칙이 없음	good - better - best bad - worse - worst many/much - more - most far - farther - farthest

● 원급과 비교급으로 최상급 표현하기

'원급 비교'와 '비교급 비교'를 이용해 '최상급'의 의미를 표현할 수도 있습니다.

> ① 부정 주어 + ⋯ + as + 원급 + as
> ② 부정 주어 + ⋯ + 비교급 + than
> ③ 비교급 + than any other + 단수 명사
> ④ 비교급 + than all the other + 복수 명사

- **Merry is the smartest dog in this town.**

  Merry는 이 마을에서 가장 똑똑한 개다.

  = No other dog is as smart as Merry in this town.

  = No other dog is smarter than Merry in this town.

= Merry is smarter than any other **dog** in this town.
_{dogs (X)}

= Merry is smarter than all the other **dogs** in this town.
_{dog (X)}

우리가 알아야 할 것

☑ 최상급 비교는 「the + 최상급 + of/in ~」으로 나타낼 수 있습니다.

☑ 원급과 비교급을 이용해 최상급의 뜻을 표현할 수 있습니다.

Check Check 주어진 단어를 이용해 빈칸을 완성해봅시다.

1. Bolt is _____ _____ runner. (fast)
   Bolt는 가장 빠른 달리기 선수다.

2. It was _____ _____ _____ question in the exam. (difficult)
   그것이 시험에서 가장 어려운 문제였다.

정답은 p.322

명령문과 감탄문에도
공식이 있다

무슨 의미냐면요

'명령문'은 동사의 원형으로 시작하고, '감탄문'은 How나 What으로 시작한다는 일종의 공식이 존재합니다.

좀 더 설명하면 이렇습니다

상대방에게 무언가를 지시하는 말을 '명령문'이라고 합니다. 또한 어떤 걸 보고 감탄하는 말을 '감탄문'이라고 합니다. 이 두 가지 유형의 문장을 만드는 공식이 있는데요. 다음 설명을 잘 읽어보시기 바랍니다.

● **명령문**

　상대방에게 무언가를 시키는 뜻(명령, 충고, 조언 등)을 갖고 있는 문장을 '명령문'이라고 합니다. 영어에서 명령문은 동사의 원형으로 시작하며, '~하지 마라'라는 뜻의 '부정 명령문'은 그 앞에 Don't를 붙여줍니다.

> **명령문** 「동사원형 + ~」 : ~해라
>
> **부정 명령문** 「Don't + 동사원형 + ~」 : ~하지 마라

- **Be quiet.**

  조용히 해.

- **Stand up, please.**

  '공손함'을 추가할 때 사용

  일어나세요.

- **Study hard.**

  열심히 공부해.

- **Do your best.**

  최선을 다해.

- **Don't tell a lie.**

  거짓말하지 마.

- **Don't be nervous.**

  긴장하지 마.

● 명령문, and/or

명령문 뒤에 and 혹은 or를 써서 다음과 같은 뜻으로 말을 이어갈 수도 있습니다.

> 「명령문, and」: ~해라, 그러면
> 「명령문, or」: ~해라, 그렇지 않으면

- **Study hard, and you will pass the exam.**

  열심히 공부해라, 그러면 너는 그 시험에 통과할 것이다.

- **Study hard, or you will fail the exam.**

  열심히 공부해라, 그렇지 않으면 너는 그 시험에 실패할 것이다.

● 감탄문

이번에는 감탄문에 대해 알아볼까요? 감탄문은 말 그대로 어떤 것에 대해 '와!'라는 감탄을 표현하는 문장을 말합니다. 영어에서 감탄을 표현하는 방식은 상당히 많이 있는데요. 그중 문법상 '감탄문'이라고 정의하는 건 다음 두 가지에 해당하며 모두 끝에 느낌표를 붙여줍니다.

> What + a(n) + 형용사 + 명사(+주어+동사)+!
> How + 형용사/부사(+주어+동사)+!

- **What an interesting story it is!**
  형용사   명사 주어 동사

  그건 정말 흥미로운 이야기구나!

- **How interesting the story is!**
  형용사   주어   동사

  그 이야기는 정말 흥미롭구나!

- **What a fast dog (it is)!**
  형용사 주어 생략 가능

  (그건) 정말 빠른 개다!

- **How fast the dog runs!**
  부사   주어   동사

  그 개는 정말 빨리 달리는구나!

우리가 알아야 할 것

☑ 명령문은 「동사원형 + ~」로, 부정명령문은 「Don't + 동사원형 + ~」 로 나타낼 수 있습니다.

☑ 「명령문+and」는 '~해라, 그러면', 「명령문+or」는 '~해라, 그렇지 않으면'으로 해석합니다.

☑ 감탄문은 「What+a(n)+형용사+명사(+주어+동사)+!」 혹은 「How+ 형용사/부사(+주어+동사)+!」로 나타낼 수 있습니다.

Check Check 다음 두 문장의 뜻이 같도록 감탄문을 완성해봅시다.

1. You are very kind.

   = How ＿＿＿＿＿ ＿＿＿＿＿ ＿＿＿＿＿!

2. It is a very expensive car.

   = What ＿＿＿＿＿ ＿＿＿＿＿ ＿＿＿＿＿ ＿＿＿＿＿ ＿＿＿＿!

정답은 p.322

"She looks happily."는 왜 틀린 문장일까?

무슨 의미냐면요

"그녀는 행복하게 보인다."라는 말을 영작할 때 '행복하게'라는 부분에 부사 happily를 써야 할 것 같은데요. 하지만 이 부분에는 부사 happily가 아닌 형용사 happy를 써야 합니다.

좀 더 설명하면 이렇습니다

인간이 갖고 있는 다섯 개의 감각, 즉 오감(五感) 중 시각은 look, 청각은 sound, 미각은 taste, 후각은 smell, 촉각은 feel을 사용해서 나타낼 수 있습니다. 이 다섯 가지 동사를 '감각동사'라고 부르는데요. 감각동사는 다음과 같은 형태로 사용합니다.

● 감각동사 + 형용사

일반적으로 감각동사 뒤에는 형용사를 사용합니다. 이때 중요한 건 우리말로 '~하게'라고 해석되기 때문에 자칫 부사를 쓰게 되면 어법상 틀린 문장이 된다는 겁니다.

- **The man** looks **happy.**
  happily (X)
  그 남자는 행복해(행복하게) 보인다.

이 문장이 '행복하게'라고 해석된다고 해서 부사 happily를 사용하면 안 된다는 말인데요. 우리말로는 부사로 해석되지만 영어로는 반드시 형용사인 happy를 써야 한다는 사실! 잊지 마세요.

- **His voice** sounds **sweet.**
  sweetly (X)
  그의 목소리는 달콤하게 들린다.

- **It** tastes **strange.**
  strangely (X)
  그것은 이상한 맛이 난다.

- **The milk** smells **bad.**
  badly (X)
  그 우유는 안 좋은 냄새가 난다.

- **Silk** feels **smooth.**
  smoothly (X)
  비단은 부드럽게 느껴진다.

● 감각동사 + like + 명사(구)

그렇다면 다음 문장은 어법상 맞는 문장일까요, 아니면 틀린 문장일 까요?

• **The man** looks **a model.**
  명사구
  그 남자는 모델처럼 보인다.

감각동사 뒤에 형용사가 아닌 명사(구)가 올 때는 중간에 '~처럼'이라는 뜻의 전치사 like를 써줘야 합니다. 따라서 위 문장은 어법상 틀린 문장이 며 다음과 같이 써야 하는 거죠.

• **The man** looks **like a model.**
  ~처럼(전치사)
  그 남자는 모델처럼 보인다.

다음 표에 정리한 내용들을 예문과 함께 살펴보면 좀 더 이해하기 쉬울 겁니다. 감각동사 뒤에는 부사가 아닌 형용사를 써야 한다는 사실과, 감각 동사 뒤에 명사나 명사구를 써야 하는 상황이라면 그 중간에 꼭 like를 써 야 한다는 사실! 기억하기 바랍니다.

감각동사		예시
look	~하게 보이다	• She looks beautiful. 　　　　　형용사 그녀는 아름다워 보인다. • She looks like a doll. 　　　　　　　명사구 그녀는 인형처럼 보인다.
sound	~하게 들리다	• It sounds great. 　　　　형용사 그것은 멋지게 들린다. • It sounds like a great idea. 　　　　　　　명사구 그것은 멋진 생각처럼 들린다.
taste	~한 맛이 나다	• It tastes good. 　　　　형용사 그것은 좋은 맛이 난다. • It tastes like chicken. 　　　　　　명사 그것은 닭고기 맛이 난다.
smell	~한 냄새가 나다	• The soup smells nice. 　　　　　　　형용사 그 수프는 좋은 냄새가 난다. • The soup smells like butter. 　　　　　　　　　명사 그 수프는 버터 향이 난다.
feel	~하게 느껴지다	• The towel feels soft. 　　　　　　형용사 그 수건은 부드럽게 느껴진다. • The towel feels like silk. 　　　　　　　　형용사 그 수건은 비단처럼 느껴진다.

우리가 알아야 할 것

☑ 감각동사에는 look(~하게 보이다), sound(~하게 들리다), taste(~한 맛이 나다), smell(~한 냄새가 나다), feel(~하게 느껴지다)이 있습니다.

☑ 「감각동사 + 형용사」 혹은 「감각동사 + like +명사(구)」 형태로 사용합니다.

Check Check 주어진 말 중 어법에 맞는 것을 골라봅시다.

1. I feel (happy / happily).
2. Ron looks (a prince / like a prince).

정답은 p.322

09
to부정사
명사적 용법

to부정사가
명사 역할을 한다고?

무슨 의미냐면요

영어에서 「to+동사원형」 형태를 'to부정사'라고 하는데, 이 to부정사가 문장 속에서 명사의 역할을 할 때가 있습니다.

좀 더 설명하면 이렇습니다

to부정사는 문장 속에서 크게 명사, 형용사, 부사의 역할을 하는데요. 명사의 역할부터 차례대로 살펴보도록 하겠습니다.

● to부정사의 명사적 용법

to부정사가 문장 속에서 주어, 목적어, 보어 역할을 할 때 우리는 그것을 'to부정사의 명사적 용법'이라고 합니다.

① 주어: ~하는 것은, ~하기는

주로 문장의 제일 처음에 쓰이면서 '~하는 것은'이라는 뜻의 주어로 사용된 경우에 해당합니다.

- **To play computer games is always fun.**

  컴퓨터 게임을 하는 것은 항상 재미있다.

- **To memorize English words is not easy.**

  영어단어를 외우는 것은 쉽지 않다.

② 목적어: ~하는 것을, ~하기를, ~하기로

to부정사는 문장 속에서 목적어의 역할도 할 수 있는데요. 이때 to부정사는 목적어 역할에 맞게 '~하는 것을'이라는 뜻으로 사용됩니다.

- **I love to play computer games.**

  나는 컴퓨터 게임 하는 것을 좋아한다.

- **I don't want to memorize English words.**

  나는 영어단어 외우기를 원하지 않는다.

③ 보어: ~하는 것(이다)

명사적 용법으로 사용된 to부정사는 문장 속에서 보어의 역할을 담당하기도 합니다. 보어로 사용되었을 때 to부정사는 주로 be동사 뒤에 위치하며 다음 예문과 같이 사용됩니다.

- **My hobby is to play computer games.**

  내 취미는 컴퓨터 게임을 하는 것이다.

- **Today's homework is to memorize a few English words.**

  오늘의 숙제는 영어단어를 몇 개 외우는 것이다.

● 의문사+to부정사

의문사와 to부정사가 만나서 하나의 큰 덩어리로 명사 역할을 할 때가 있는데요. 다음 표에 정리된 내용을 통해 설명하도록 하겠습니다.

형태	예문
「what to + 동사」 무엇을 ~해야 할지	I don't know what to eat for dinner. 나는 저녁으로 무엇을 먹어야 할지 모르겠다.
「how to + 동사」 어떻게 ~해야 할지 / ~하는 방법	Can you tell me how to use this machine? 이 기계를 사용하는 방법을 제게 알려줄 수 있나요?

「where to + v」 어디서(어디로) ~해야 할지	Let's talk about where to meet. 어디에서 만날지에 대해 얘기해보자.
「when to + v」 언제 ~해야 할지	We haven't decided when to leave. 우리는 언제 출발할지 결정하지 않았다.

이런 「의문사 + to부정사」가 사용된 문장은 의미에 따라서 다음과 같이 풀어서 나타낼 수도 있습니다. 이 부분은 학교 시험 중 서술형 평가로 자주 출제되는 부분이니 주의 깊게 살펴보기 바랍니다.

「의문사 + to부정사」
= 「의문사 + 주어 + should + 동사원형」

• **I don't know** how to apologize.

　나는 어떻게 사과해야 할지 모르겠다.

　= **I don't know** how I should apologize.

• **I need to decide** what to do **next.**

　나는 다음으로 무엇을 해야 할지 결정해야 한다.

　= **I need to decide** what I should do **next.**

우리가 알아야 할 것

☑ to부정사가 문장 속에서 명사 역할을 할 때 주어, 목적어, 보어로 사용
될 수 있습니다.

☑ to부정사는 의문사와 함께 「의문사 + to부정사」의 형태(what to, how
to, where to, when to)로 사용될 수 있습니다.

Check Check 주어진 단어의 순서를 재배열해 빈칸에 알맞은 말을 써봅
시다.

1. I don't know _____ a bike.(how, ride, to)

2. No one knows _____ next.(do, what, to)

정답은 p.332

to부정사는
형용사와 부사 역할도 한다

무슨 의미냐면요

to부정사는 명사의 역할뿐만 아니라 앞에 있는 명사를 꾸며주는(수식해주는) 형용사 역할도 할 수 있고, '~위해서' 등으로 해석되는 부사의 역할도 할 수 있습니다.

좀 더 설명하면 이렇습니다

앞에서 우리는 명사의 역할을 하는 to부정사에 대해 살펴봤는데요. 이번에는 형용사와 부사의 역할을 하는 to부정사에 대해 차례대로 살펴보도록 하겠습니다.

● to부정사의 형용사적 용법

to부정사가 명사(구) 혹은 대명사(something, anything 등)를 뒤에서 수식해 줄 때, 즉 형용사의 역할을 할 때 우리는 그 to부정사가 '형용사적 용법'으로 사용되었다고 말합니다.

a. **I have a book to read.**

　　나에게는 읽을 책이 한 권 있다.

b. **He needs something to drink.**

　　그는 마실 것이 필요하다.

예문 a에서는 to read(to부정사)가 앞에 있는 a book(명사구)을 수식해주고 있고, b에서는 to drink(to부정사)가 something(대명사)을 수식해주면서 해당 물건의 용도를 구체화시켜주고 있습니다.

to부정사 앞에 명사(구)가 있다고 해서 모두 형용사적 용법은 아닙니다. to부정사가 앞에 있는 명사(구)를 수식하지 않고 단지 '~위해서' 등으로 해석된다면 형용사적 용법이 아닌 추후 설명할 부사적 용법으로 사용된 것이니 해석을 통해 구분해야 합니다.

ex) **I went to a library to read books.**

　　나는 책을 읽기 위해 도서관에 갔다.

※ '읽을 도서관'이라고 해석되지 않기 때문에 이때의 to read는 형용사적 용법이 아니고 '목적'을 나타내는 부사적 용법으로 사용되었음

　　여기 또 하나의 중요한 내용이 있는데요. to부정사에 사용된 동사가 전치사를 필요로 하는 동사라면 to부정사 뒤에 문맥에 맞는 전치사를 꼭 써줘야 한다는 사실입니다.

- **I'll buy a pencil to write with.**

　나는 가지고 쓸 연필을 하나 살 것이다.

- **She doesn't have a chair to sit on.**

　그녀는 앉을 의자를 갖고 있지 않다.

- **They need a house to live in.**

　그들은 살 집이 필요하다.

이때 to부정사의 뒤에 전치사가 필요한지 불필요한지 어떻게 알 수 있을까요? to부정사의 수식을 받는 명사(㉠)를 to부정사의 뒤로 옮겨 보면 알 수 있습니다. 다음 두 개의 문장을 예로 들어서 설명해보겠습니다.

a. I have a book to read.

나는 읽을 책을 가지고 있다.

b. They need a house to live.

그들은 살 집이 필요하다.

예문 a에서 to read 뒤에 전치사가 필요한지 알아보려면 a book을 to부정사 뒤로 넘겨보면 알 수 있는데요. 즉 'read a book'처럼 말이죠. 어떤가요? 'read a book', 말이 되나요? 네, 말이 됩니다. 따라서 read 다음에는 전치사가 불필요합니다. 그렇다면 예문 b는 어떤가요? 마찬가지로 a house를 뒤로 넘겨보면 'live a house'가 되는데요. 뭔가 이상함을 느낄 겁니다. 'live in a house'가 되어야 말이 되니까요. 따라서 예문 b의 to부정사 뒤에는 in이라는 전치사를 써줘야 하는 겁니다.

● to부정사의 부사적 용법

to부정사의 명사적 용법과 형용사적 용법에 이어 마지막으로 부사적 용법에 대해서도 살펴보겠습니다. to부정사는 문장 속에서 부사의 역할을 할 때도 있는데요. 다음과 같은 뜻으로 사용됩니다.

① 목적: ~하기 위해, ~하러(=in order to)

- **I called Jack to apologize.**
  = in order to
  나는 사과하기 위해 Jack에게 전화했다.

- **Ted studies hard to become a teacher.**

  Ted는 교사가 되기 위해 열심히 공부한다.

② 감정의 원인: ~해서, ~하기 때문에

감정 형용사
(happy, glad, sad, sorry, surprised, pleased 등)

to부정사

- **I'm glad to meet you.**

  당신을 만나서 기뻐요.

- **We were surprised to see her there.**

  우리는 그녀를 그곳에서 보게 되어 놀랐다.

③ 판단의 근거: ~하는 것을 보니, ~하다니
주로 must, cannot 등과 함께 사용됨
- **Jenny must like you to call you every day.**

  Jenny가 너에게 매일 전화하는 것을 보니 너를 좋아하고 있음이 틀림없다.

- **He can't be her father to look so young.**

  그가 매우 어려 보이는 것을 보니 그녀의 아버지일 리가 없다.

4) 결과: ∼하여 그 결과 …하다
주로 grow up, live 등과 함께 사용됨

- **He grew up** to be a pianist.

  그는 자라서 피아니스트가 되었다.

- **I woke up** to find myself in a dark place.

  깨어보니 내가 어두운 곳에 있는 것을 알게 되었다.

5) 형용사 수식: ∼하기에

형용사   to부정사

- **His name is so <u>easy</u>** to remember.

  그의 이름은 기억하기에 아주 쉽다.

- **This math question was <u>difficult</u>** to solve.

  이 수학 문제는 풀기 어려웠다.

☑ to부정사가 앞에 있는 명사를 꾸며주는 형용사 역할을 할 수 있습니다.

☑ 형용사 역할을 하는 to부정사 뒤에 전치사가 필요할 수 있습니다.

☑ to부정사는 부사의 역할을 하면서 목적, 감정의 원인, 판단의 근거, 결과의 뜻으로 사용될 수 있으며 앞에 있는 형용사를 수식하기도 합니다.

Check Check 주어진 단어를 이용하여 문장을 완성해봅시다.

1. Bob은 책을 좀 사기 위해 서점에 갔다. (buy, some books)

   Bob went to a bookstore _____.

2. 그들은 앉을 의자가 없다. (chairs, sit)

   They don't have _____.

정답은 p.322

11
동명사

동사를 명사로 만들면
동명사

무슨 의미냐면요

동명사는 동사를 명사로 만든 형태로서 문장 안에서 주어, 목적어, 보어
의 역할을 합니다.

좀 더 설명하면 이렇습니다

동사의 끝에 −ing를 붙인 형태를 '동명사'라고 합니다. 동명사는 말 그
대로 원래는 동사였지만 끝에 −ing가 붙으면서 명사의 역할을 할 수 있
도록 변신한 녀석을 말하는데요. 보통 다음과 같은 특징을 갖고 있습니다.

● 동명사를 만드는 방법

앞에서 배운 언어 형식 중에 진행형 시제가 있었습니다. 이때 동사의 끝에 -ing를 붙이는 공식을 배운 적이 있는데요. 동명사를 만들 때도 똑같은 규칙이 적용됩니다.

구분	규칙	예시	
대부분의 동사	동사 + ing	play → playing walk → walking	watch → watching eat → eating
e로 끝나는 동사	e를 빼고+ing	make → making smile → smiling	come → coming move → moving
「자음+모음+자음」 으로 끝나는 동사	마지막 자음을 한 번 더 쓰고+ing	run → running swim → swimming	plan → planning get → getting
ie로 끝나는 동사	ie를 y로 바꾸고 +ing	lie → lying	die → dying

● 동명사의 역할

이런 동명사는 to부정사가 명사의 역할을 할 때와 똑같이 문장 안에서 주어, 목적어, 보어의 역할을 합니다(앞쪽에 설명한 to부정사의 명사적 용법에 사용된 예문과 비교해서 살펴보세요).

① 주어: ~하는 것은, ~하기는

주로 문장의 제일 처음에 쓰이면서 '~하는 것은'이라는 뜻의 주어로 사용된 경우에 해당합니다.

- **Playing computer games is always fun.**

  컴퓨터 게임을 하는 것은 항상 재미있다.

- **Memorizing English words is not easy.**

  영어단어를 외우는 것은 쉽지 않다.

② 목적어: ~하는 것을, ~하기를, ~하기로

동명사는 문장 속에서 목적어의 역할도 할 수 있는데요. 이때 동명사는 목적어 역할에 맞게 '~하는 것을'이라는 뜻으로 사용됩니다.

- **I love playing computer games.**

  나는 컴퓨터 게임 하는 것을 좋아한다.

- **I enjoy memorizing English words.**

  나는 영어단어 외우기를 즐긴다.

③ 보어: ~하는 것(이다)

명사의 역할을 하는 동명사는 문장 속에서 보어로 사용되기도 합니다. 보어로 사용되었을 때 동명사는 주로 be동사의 뒤에 위치하며 다음 예문과 같이 사용됩니다.

- **My hobby is** playing **computer games.**

  내 취미는 컴퓨터 게임을 하는 것이다.

- **Today's homework is** memorizing **a few English words.**

  오늘의 숙제는 영어단어를 몇 개 외우는 것이다.

● 동명사 관용 표현

일상생활에서 자주 사용되는 영어 표현들 중에 동명사가 관용적으로 사용되는 표현들이 있어 몇 가지를 소개하려고 합니다. 일종의 숙어라고 생각하고 알아두기 바랍니다.

① spend + (돈/시간) + -ing: ~하는 데 (돈/시간)을 쓰다

- **We** spent <u>two hours</u> paint**ing the wall.**

  우리는 그 벽을 칠하는 데 2시간을 사용했다.

② go + -ing: ~하러 가다

- **I'll** go camp**ing tomorrow.**

  나는 내일 캠핑을 갈 것이다.

③ cannot help + −ing: ~하지 않을 수 없다

- **They couldn't help laughing.**

  그들은 웃지 않을 수 없었다.

④ keep + −ing: 계속 ~하다

- **Please keep talking.**

  계속 이야기하세요.

⑤ be busy + −ing: ~하느라 바쁘다

- **I am busy doing my homework.**

  나는 내 숙제를 하느라 바쁘다.

⑥ be used to + −ing: ~하는 데 익숙해지다

- **Michael is not used to living alone.**

  Michael은 혼자 사는 데 익숙하지 않다.

⑦ look forward to + −ing: ~하기를 고대하다

- **I'm looking forward to meeting her.**

  나는 그녀를 만나기를 고대하고 있어.

⑧ feel like + −ing: ～하고 싶다

• I feel like eating something sweet.

나는 무언가 달콤한 걸 먹고 싶어.

⑨ have trouble + −ing: ～하는 데 어려움을 겪다

• The kids are having trouble learning math.

그 아이들은 수학을 배우는 데 어려움을 겪고 있다.

⑩ be worth + −ing: ～할 가치가 있다

• This map is worth buying.

이 지도는 구입할 가치가 있다.

우리가 알아야 할 것

☑ 동사의 원형에 –ing를 붙여서 동사를 명사로 바꾼 형태를 '동명사'라고 합니다.

☑ 동명사는 문장 속에서 명사의 역할(주어, 목적어, 보어)을 하며, 동명사가 사용되는 관용적인 표현들이 많이 있습니다.

Check Check 동사의 끝에 ing를 붙여서 동명사 형태를 만들어봅시다.

1. shop ⋯▶ _____   2. come ⋯▶ _____

3. begin ⋯▶ _____   4. die ⋯▶ _____

정답은 p.322

지금까지 중1 영어 교과서에 주로 소개되는 문법에 대해 살펴봤습니다. 이 글을 읽고 있는 여러분의 영어 실력에 따라 Part 2에 소개된 내용들이 쉬웠을 수도 있고 어려웠을 수도 있을 겁니다. 이 책의 초반에 언급했던 대로 혹시라도 어려운 부분이나 이해가 되지 않는 부분이 있었다고 해도 과감히 넘기시기 바랍니다. 이 책을 다 읽고 나서 두세 번 더 읽을 때는 지금보다 쉽게 읽어 나갈 수 있을 테니까요.

중1 영어를 공부한 사람이라면 영어의 기본시제의 개념에 대해 잘 알고 있어야 합니다. 현재시제의 특징, 과거와 미래시제의 특징뿐만 아니라 진행형에 대해서도 잘 알고 있어야 합니다. 또한 형용사와 부사의 비교급을 만드는 규칙, to부정사와 동명사의 의미와 규칙 등을 잘 파악하고 있어야 합니다. 쉽지 않겠죠. 우리말이 아니니까요. 첫술에 배부를 수는 없습니다. 여러 번 반복해서 읽고, 쓰고, 생각해보는 과정을 통해 내 것으로 만들기 바랍니다.

특히 예외적인 것들 때문에 지치지 마세요. 다양한 불규칙 동사, 진행형 표현, 동명사 표현, 단지 -er만 붙여 비교급을 만들 수 없는 형용사와 부사에게 지지 마세요. 이길 수 있습니다. 여러분이 포기하지만 않는다면 제가 함께 하겠습니다. 학교 시험에 나오는 다양한 문제를 풀고 싶은 사람은 제 블로그를 방문해주세요.

▶ bit.ly/중학영어만점공부법Part2

HERE

PART 3

중2 영어,
내 영어의 수준을 높여라

WE GO!

Part 3에서는 중학교 2학년 영어 교과서에 주로 등장하는 언어 형식(문법)에 대해 다뤄보겠습니다. 앞에서 언급했듯이 여러분이 현재 어떤 교과서를 사용하느냐에 따라 학년 구분은 다소 차이가 있을 수 있음을 감안하기 바랍니다.

중2부터는 중1에 비해 좀 더 수준 높은 문법들을 배우게 됩니다. 일단 시제의 경우 현재완료, 현재완료진행 혹은 과거완료 등의 '완료' 시제가 등장하면서 학생들을 헷갈리게 할 텐데요. 너무 겁먹을 필요는 없습니다. 기본 개념부터 하나씩 차근차근 공부하면 되니까요.

또한 중2 학생들은 관계대명사와 다양한 접속사를 배우면서 중1 수준의 영어 문장의 길이를 좀 더 길게 만들 수 있게 됩니다. 접속사 중에서는 특히 if라는 녀석에 대해 기본 개념을 잘 기억해야 하는데요. 왜냐하면 if는 중학교 수준의 문법에서 가장 중요하다고 할 수 있는 가정법에 필수적으로 들어가는 접속사거든요. 관계대명사 역시 만만하게 볼 수 없는 녀석입니다. 단순하게 관계대명사 who나 which 중 어느 것을 사용하는지가 아니라 두 문장을 하나로 만드는 연결 고리로서의 전반적인 개념 이해가 필요합니다.

중1 영어와 비교해 중2 영어의 또 다른 특징을 꼽는다면 바로 다양한 문장의 종류를 배운다는 것입니다. 요즘에는 이런 용어를 잘 사용하지 않지만 3형식, 4형식, 5형식 등으로 불리는 패턴을 공부하게 되고 그 안에서 4형식 문장을 3형식으로 바꾸는 연습도 하게 됩니다. 또한 의문문의 두 가지 패턴인 '직접의문문'과 '간접의문문'을 공부하면서 한쪽에서 다른 한쪽의 유형으로 바꾸는 훈련도 하게 됩니다. 그런 과정을 통해 다양한 패턴의 문장을 만들 수 있는 기본 능력을 쌓아가게 될 겁니다. 이로 인해 여러분이 구사하는 영어 문장은 좀 더 세련되고 수준 높게 바뀌게 될 것이며 여러분의 영어 의사소통 능력 또한 향상될 것입니다.

그리고 중2 영어에서는 중1 영어에 이미 등장했던 to부정사와 동명사가 다시 등장합니다. 중1 때는 기본 개념에 대해 공부했다면, 중2 영어에서는 응용 공식이나 다양한 확장 개념에 대해 접하게 됩니다. 아주 중요한 개념이기 때문에 이 부분을 공부할 때는 Part 2에 나오는 기본 개념을 충분히 복습한 후 공부할 것을 추천합니다.

여러분이 이 책을 통해 중2 영어에 등장하는 문법들을 공부하게 되면 영어 문장의 수준이 한층 업그레이드됨을 실감할 수 있을 텐데요. 그만큼 다양한 규칙을 공부하면서 내 영어 문장을 좀 더 길게 만들 수 있는 장치들을 배우게 되는 겁니다. 자, 그럼 Part 3도 본격적으로 시작해볼까요? Here we go!

01
조동사 can

'능력' '가능' '허락'을
나타내는 can

무슨 의미냐면요

조동사 can은 '능력'과 '가능' 그리고 '허락'의 뜻을 나타냅니다.

좀 더 설명하면 이렇습니다

동사 중에 '조동사'라고 불리는 것들이 있습니다. '조(助)'는 '돕다'라는 뜻의 한자어인데요. 즉 조동사는 be동사나 일반동사를 도와주는 역할을 하는 동사라는 뜻이며, 이때 중요한 건 조동사와 함께 사용되는 동사(be동사, 일반동사)는 반드시 원형의 형태로 써야 합니다. 많은 조동사 중 일상생활에서 가장 많이 사용되는 녀석이 하나 있는데요. 바로 can이라는 녀석입니다.

● 능력, 가능

can은 '~할 수 있다'라고 해석되며 주어의 '능력'을 드러내거나 어떤 일이 '가능'하다고 말할 때 사용할 수 있고 과거형은 could로 씁니다.

- **I can swim.**
  동사원형
  나는 수영을 할 수 있다.

- **The kid could write his name.**
  wrote (X), writes (X)
  그 아이는 그의 이름을 쓸 수 있었다.

can과 비슷한 의미로 'be able to'라는 표현을 사용할 수 있는데요. 일반적인 상황을 묘사할 때는 보통 can을 사용하며, 'be able to'는 보다 구체적이고 특수한 상황이 동반된 경우에 사용합니다.

- **They are able to see the ocean from their hotel window.**
  특수한 상황: 호텔 창문을 통해
  그들은 그들의 호텔 창문을 통해 바다를 볼 수 있다.

- **I practiced for 10 months, and finally I was able to pass the test.**
  특수한 상황: 10개월의 연습 끝에
  나는 10개월 동안 연습했고 마침내 시험을 통과할 수 있었다.

● 허락

can은 '~해도 된다'라는 '허락'의 뜻으로도 사용할 수 있으며, 이러한 뜻일 때는 조동사 may로 바꿔쓸 수도 있습니다.

- **You can sit here.**
  = may
  너 여기 앉아도 돼.

- **Can I use your phone?**
  = May
  내가 너의 전화를 사용해도 될까?

● 조동사 + 동사원형

위에서 언급했듯이 조동사와 함께 사용된 be동사나 일반동사는 반드시 원형의 형태를 써야 합니다. 주어가 3인칭 단수일 때 일반동사 끝에 's'를 붙이는 데 익숙한 중학생들이 헷갈릴 수 있는 부분이니 잘 알아둡시다.

- **He can speak English.**
  speaks (X)
  그는 영어를 말할 수 있다.

- **She can come to the party.**
  comes (X)
  그녀는 파티에 올 수 있다.

● 부정문과 의문문

조동사가 사용된 문장의 부정문과 의문문은 be동사 문장일 때와 똑같은 방법으로 만들 수 있습니다. 즉 부정문은 조동사의 뒤에 not을 붙여서, 의문문은 조동사를 문장의 제일 앞으로 이동시켜서 만들 수 있습니다.

| 긍정문 | **The boy can ride a bike.** 그 소년은 자전거를 탈 수 있다. |

···▶ | 부정문 | **The boy cannot(can't) ride a bike.** 그 소년은 자전거를 못 탄다.
can not (X)

···▶ | 의문문 | **Can the boy ride a bike?** 그 소년은 자전거를 탈 줄 아니?

···▶ | 대답 | **Yes, he can. / No, he can't.** 응, 그래. / 아니, 그렇지 않아.
the boy (X) can으로 시작했으니까

우리가 알아야 할 것

☑ 조동사 can은 능력, 가능, 허락의 뜻으로 사용됩니다.

☑ 조동사와 함께 사용되는 동사(be동사 일반동사)는 반드시 원형의 형태
를 취해야 합니다.

☑ 부정문은 can 뒤에 not을 붙여서 cannot 혹은 그 줄임말인 can't를 사
용하며, 의문문을 만들 때는 can을 문장의 제일 앞으로 이동시킵니다.

Check Check 어법상 <u>틀린</u> 부분을 찾아 바르게 고쳐 써봅시다.

1. She can makes pizza. _____ ···▶ _____

2. Can I using your pen? _____ ···▶ _____

정답은 p.322

02
조동사 should, must, have to

should가 셀까, must가 셀까?

무슨 의미냐면요

'~해야 한다'라는 뜻의 조동사 중에 should보다는 must가 더 센, 다시 말해 좀 더 강한 뜻을 담고 있습니다.

좀 더 설명하면 이렇습니다

'~해야 한다'라는 뜻을 갖고 있는 조동사에는 should, must, have to가 있는데요. 이 녀석들도 조동사이기 때문에 함께 사용되는 be동사나 일반 동사는 반드시 동사원형의 형태가 되어야 합니다. should, must, have to 는 다음과 같이 사용됩니다.

● should + 동사원형

should는 '의무'나 '충고'의 뜻으로 사용되는 조동사입니다.

① 뜻: 의무(~해야 한다), 충고(~하는 게 좋겠다)

- **He should go home early.**
  _{동사원형}
  그는 집에 일찍 가야 한다.

- **You should do your homework first.**

  너는 먼저 숙제를 하는 게 좋겠다.

② 형태

앞에서 조동사 can을 공부할 때 살펴봤듯이 조동사가 사용된 문장의 부정문은 조동사의 뒤에 not을 붙여서, 의문문은 조동사를 문장의 제일 앞으로 이동시켜서 만들 수 있습니다.

| 긍정문 | **He should leave now.** 그는 지금 떠나야 한다. |

┈▸ **부정문** **He should not leave now.** 그는 지금 떠나면 안 된다.
= shouldn't

| 긍정문 | **He should leave now.** 그는 지금 떠나야 한다. |

┈▸ **의문문** **Should he leave now?** 그는 지금 떠나야 하니?

┈▸ **대답** **Yes, he should.** 응, 맞아(떠나야 함).
Should로 시작했으니까
No, he doesn't have to. 아니, 그럴 필요 없어(떠날 필요 없음).

※"No, he shouldn't."라고 답하면 "아니, 그는 떠나면 안 돼."라는 뜻이 됨

● must + 동사원형

must는 '의무'나 '강한 추측'의 뜻으로 사용되는 조동사입니다.

① 뜻: 의무(~해야 한다), 강한 추측(~임에 틀림없다)

- **You must take medicine.** 너는 약을 먹어야 한다(의무).
  동사원형
- **You must be tired.** 너는 틀림없이 피곤할 것 같아(강한 추측).

※must 대신 may를 사용하면 '약한 추측'을 뜻하는 말로 바뀌게 됩니다.

ex) You may be tired. 너는 아마도 피곤할 것 같아.

② 형태

must도 조동사이기 때문에 부정문은 must 뒤에 not을 붙여서, 의문문은 must를 문장의 제일 앞으로 이동시켜서 만들 수 있는데요. 사실 의문문의 경우 「Must + 주어 + 동사원형 + ~ ?」 보다는 「Do[Does] + 주어 + have to + 동사원형 + ~ ?」 구조로 훨씬 더 많이 사용됩니다.

긍정문 **They must leave now.** 그들은 지금 떠나야 한다.

···▶ 부정문 **They must not leave now.** 그들은 지금 떠나면 안 된다.

의문문 1 **Must they leave now?** 그들은 지금 떠나야 하니?

···▶ 대답 1 **Yes, they must.** 응, 맞아.
  Must로 시작했으니까

No, they don't have to. 아니, 그럴 필요 없어.

의문문 2 **Do they have to leave now?** 그들은 지금 떠나야 하니?

···▸ 대답 2 **Yes, they do.** 응, 맞아.
Do로 시작했으니까
No, they don't (have to). 아니, 그럴 필요 없어.

● have to + 동사원형

have to는 '~해야 한다'라는 뜻의 must와 같은 의미의 표현이며, 주어
가 3인칭 단수일 경우 have 대신 has를 써서 has to로 사용하고, 과거시
제일 경우 have의 과거형(had)을 써서 had to로 사용합니다.

① 뜻: 의무(~해야 한다)

• **You have to take medicine.**
동사원형
너는 약을 먹어야 한다.

• **He has to take medicine.**
3인칭 단수
그는 약을 먹어야 한다.

• **She had to take medicine.**

그녀는 약을 먹어야만 했다(그래서 먹었음).

② 형태

'have(has, had) to'는 must와 같은 조동사 역할을 하지만 형태적으
로 보면 일반동사 have(has, had)에 맞는 공식을 사용해 부정문의 경우

don't(doesn't, didn't)를 써서, 의문문은 문장의 제일 처음에 Do(Does, Did)를
써서 나타냅니다.

긍정문 **You** have to **take medicine.**　너는 약을 먹어야 한다.

⋯▸ **부정문** **You** don't have to **take medicine.**　너는 약을 먹을 필요가 없다.

⋯▸ **의문문** Do **you** have to **take medicine?**　너는 약을 먹어야 하니?

⋯▸ **대답** **Yes, I** do.　응, 맞아.
　　　　you로 물었으니까
　　　　No, I don't (have to).　아니, 그럴 필요 없어.

긍정문 **He** has to **take medicine.**　그는 약을 먹어야 한다.
　　　　3인칭 단수
⋯▸ **부정문** **He** doesn't have to **take medicine.**　그는 약을 먹을 필요가 없다.
　　　　　　　　has (X)
⋯▸ **의문문** Does **he** have to **take medicine?**　그는 약을 먹어야 하니?
　　　　　　　　has (X)
⋯▸ **대답** **Yes, he** does.　응, 맞아.
　　　　　　Does로 시작했으니까
　　　　No, he doesn't (have to).　아니, 그럴 필요 없어.

긍정문 **She** had to **take medicine.**　그녀는 약을 먹어야만 했다.
　　　　have의 과거형
⋯▸ **부정문** **She** didn't have to **take medicine.**　그녀는 약을 먹을 필요가 없었다.
　　　　　　　　had (X)
⋯▸ **의문문** Did **she** have to **take medicine?**　그녀는 약을 먹어야만 했니?
　　　　do의 과거
⋯▸ **대답** **Yes, she** did.　응, 맞아.
　　　　　　Did로 시작했으니까
　　　　No, she didn't (have to).　아니, 그럴 필요 없었어.

● must vs. have to

must와 have to는 '~해야 한다'라는 강한 의무의 뜻을 나타내는 비슷한 표현이지만 차이점이 있습니다. 주어가 3인칭 단수일 경우 must는 그대로 쓰지만, have to는 has to로 사용합니다. 그리고 부정문으로 바뀌면 must not은 '~해서는 안 된다'라는 강한 뜻이 되는 반면, don't(doesn't) have to는 '~할 필요 없다'라는 약한 뜻이 됩니다. 그러나 과거시제일 때는 둘 다 had to로 사용합니다.

구분	must	have to
주어가 3인칭 단수	He must wear a life jacket. 그는 구명조끼를 입어야 한다.	He has to wear a life jacket. 그는 구명조끼를 입어야 한다.
부정문	He must not wear a life jacket. 그는 구명조끼를 입으면 안 된다.	He doesn't have to wear a life jacket. 그는 구명조끼를 입을 필요가 없다.
과거 시제	He had to wear a life jacket. 그는 구명조끼를 입어야만 했다.	

● should vs. must vs. have to

세 표현 모두 '~해야 한다'라는 의무의 뜻을 깆고 있어 기본적으로는 같은 뜻이라고 볼 수 있지만, 굳이 차이점을 말하자면 should는 상대적으로

must와 have to에 비해 살짝 약한 의무를 말한다고 볼 수 있습니다.

a. You should see a doctor.

너는 의사의 진찰을 받아야만 해.

b. You must see a doctor.

너는 의사의 진찰을 받아야만 해.

예문 a와 b 모두 상대방에게 병원에서 진찰을 받아보라고 말하는 것입니다. 그런데 예문 a보다는 b가 상대방에게 좀 더 강하게 말한다고 볼 수 있습니다. 비슷한 의미의 표현으로는 had better가 있습니다.

• **You had better see a doctor.**
　　　　　　　　동사원형
너는 의사의 진찰을 받는 게 좋을 것 같아.

> ※You had는 You'd로 줄여 쓸 수 있습니다.

우리가 알아야 할 것

- ☑ should는 '~해야 한다'라는 의무, '~하는 게 좋겠다'라는 충고의 뜻을 갖고 있는 조동사입니다.

- ☑ have to와 must는 둘 다 '~해야 한다'라는 뜻의 강한 의무를 나타내는 표현입니다.

- ☑ 주어가 3인칭 단수일 때는 have to 대신 has to를 사용합니다.

- ☑ don't(doesn't) have to는 '~할 필요 없다'의 뜻이고, must not은 '~하지 말아야 한다'라는 뜻입니다.

- ☑ must는 의무의 뜻 말고도 '~임에 틀림없다'라는 강한 추측의 뜻으로도 사용됩니다.

Check Check 어법상 <u>틀린</u> 부분을 찾아 바르게 고쳐 써봅시다.

1. You must not tells a lie.

_____ ⋯▶ _____

2. Did she had to work until late?

_____ ⋯▶ _____

3. My sister have to live alone from today.

_____ ⋯▶ _____

정답은 p.322

과거와 현재의 뜻을 모두 갖고 있는 현재완료

무슨 의미냐면요

과거시제가 특정한 과거의 한 시점만을 다루는 반면, 현재완료는 현재 와도 연관이 있다는 점에서 차이가 있습니다.

좀 더 설명하면 이렇습니다

'현재완료'란 영어의 여러 시제 중 한 가지이며, 다음과 같은 형태 및 의 미를 갖고 있습니다.

● 현재완료의 형태

현재완료는 「have + 과거분사」로 나타내는데 주어가 3인칭 단수일 경우 have 대신 has를 사용합니다. 여기서 과거분사란 동사의 3단 변화에서 세 번째 자리에 있는 것을 말합니다. 예를 들어 see의 3단 변화인 'see-saw-seen'에서는 'seen'이 과거분사에 해당됩니다.

① 긍정문: 주어 + have/has + 과거분사(p.p) + ~.

- **They have seen the movie before.**

  그들은 전에 그 영화를 본 적이 있다.

- **He has finished his homework.**
  주어(He)가 3인칭 단수
  그는 그의 숙제를 다 끝냈다.

② 부정문: 주어 + have/has + not/never + 과거분사(p.p) + ~.

현재완료 시제가 사용된 문장의 부정문은 have/has 뒤에 not 혹은 never를 써서 나타냅니다.

- **They have never seen the movie before.**

  그들은 전에 그 영화를 본 적이 없다.

- **He hasn't finished his homework.**
  = has not
  그는 그의 숙제를 다 끝내지 않았다.

③ 의문문: Have/Has + 주어 + 과거분사(p.p) + ~?

현재완료 시제가 사용된 문장의 의문문은 Have/Has를 문장의 제일 앞으로 이동시켜서 나타냅니다.

의문문 Have **they seen** the movie before? 그들은 전에 그 영화를 본 적이

있니?

대답 Yes, they have. / No, they haven't. 응, 있어. / 아니, 없어.
　　　　　　　Have로 물었으니까

● 현재완료의 의미

현재완료는 다음과 같은 뜻을 나타냅니다.

① 경험(해석: ~해본 적이 있다)

현재완료 시제가 사용된 문장 중 많은 수가 '경험'을 뜻하는 문장으로
사용됩니다.

- I have eaten caviar before.
  　　　　eat의 과거분사
  나는 예전에 캐비어를 먹어본 적이 있다.
- He has been to Canada twice.
  　　　　be동사의 과거분사
  그는 캐나다에 두 번 가본 적이 있다.

② 완료(해석: [이미, 방금] ~했다)

현재완료가 '완료'의 뜻으로 사용될 때는 일반적으로 just(방금),
already(이미), yet(아직) 등의 어휘가 함께 사용됩니다.

- **We have already finished the project.**

  우리는 이미 그 프로젝트를 끝냈다.

- **The train for Busan has just arrived.**

  have (X)

  부산 가는 기차가 방금 도착했다.

③ 계속(해석: [지금까지 계속] ~해왔다)

과거의 어느 시점부터 지금까지 계속 어떤 행동을 규칙적으로 하고 있을 때 사용할 수 있는 패턴입니다. 현재완료가 '계속'의 뜻으로 사용될 때는 일반적으로 for(~동안) 혹은 since(~이후로) 같은 어휘가 동반됩니다.

- **We have lived here for 20 years.**

  우리는 20년 동안 여기에 살았다.

- **She has been sick since yesterday.**

  그녀는 어제부터 계속 아프다.

④ 결과(해석: [과거에] ~했다 [그 결과 지금 ~하다])

현재완료 시제가 '결과'의 뜻으로 사용되는 경우는 흔치 않지만, 시험에 가끔 등장하는 부분이니 꼭 알아두기 바랍니다.

- **I have lost my key.**

  lose의 과거분사

  나는 내 열쇠를 잃어버렸다.

- **Harry has gone to London.**
  go의 과거분사

  Harry는 런던으로 갔다.

● 과거 vs. 현재완료

그렇다면 '과거'와 '현재완료' 시제는 어떤 차이점이 있을까요? 과거시제는 과거의 특정 시점에 대해서만 얘기하고, '현재완료' 시제는 과거부터 현재까지의 기간을 모두 얘기합니다.

a. She lived in Rome in 2015.

그녀는 2015년에 로마에 살았다.

b. She has lived in Rome since 2015.

그녀는 2015년부터 로마에 살고 있다.

과거시제가 사용된 예문 a에서는 그녀가 2015년에 로마에 살았다는 것을 알 수 있지만, 지금은 어디에 사는지 알 수 없습니다. 반면 현재완료 시제가 사용된 예문 b에서는 그녀가 2015년부터 로마에 살기 시작해서 지금까지 살고 있다는 사실을 알 수 있습니다. 다른 예문을 살펴볼까요?

c. I lost my wallet last week.

나는 지난주에 지갑을 잃어버렸다.

d. I have lost my wallet.

나는 지갑을 잃어버렸다.

과거시제 문장인 c에서는 내가 지난주에 지갑을 잃어버렸다는 것을 말하고 있습니다. 그러나 이 문장만으로는 내가 그 이후에 지갑을 찾았는지, 현재 그 지갑을 갖고 있는지 알 수 없습니다. 현재완료 문장인 d에서는 지금도 잃어버린 상태라는 점을 나타내주고 있는 것이죠. 위와 같은 이유로 현재완료는 과거 특정 시점을 나타내는 다음과 같은 말들과 함께 쓰일 수 없습니다.

when, last, ago, yesterday, at that time, in + 연도

- **When have you heard the news? (X)**

···▸ **When did you hear the news? (O)**

  너는 언제 그 소식을 들었니?

- **He has visited Paris last year. (X)**

···▸ **He visited Paris last year. (O)**

  그는 작년에 파리를 방문했다.

우리가 알아야 할 것

☑ 현재완료 시제는 「have/has + 과거분사」로 표현합니다.

☑ 현재완료 문장의 부정문은 have/has 뒤에 not이나 never를 써서 나타내며, 의문문은 Have/Has를 문장의 앞으로 이동시켜서 표현합니다.

☑ 현재완료는 문장 안에서 경험, 완료, 계속, 결과의 뜻을 갖습니다.

☑ 과거시제는 과거의 특정 시점을 이야기하는 반면, 현재완료시제는 과거부터 현재까지의 기간이 모두 연관되어 있습니다.

Check Check **주어진 단어를 활용해 현재완료 문장을 완성해봅시다.**

1. He _____ already_____ his homework. (do)
2. We_____ _____ each other for 10 years. (know)

정답은 p.322

154

have lived와 have been living의 차이는?

무슨 의미냐면요

과거에 시작된 일이 현재에도 계속 진행되고 있음을 강조할 때 '현재완료진행' 시제를 사용합니다.

좀 더 설명하면 이렇습니다

앞에서 배웠듯이 현재완료는 「have/has + 과거분사」의 형태로 경험, 완료, 계속, 결과 등을 나타낼 때 사용합니다. 이 현재완료 시제의 의미에서 지금도 계속 진행되고 있음을 강조하고 싶을 때 다음과 같은 '현재완료진행'이라는 시제를 사용할 수 있습니다.

● 현재완료진행

현재완료진행 시제는 '계속'을 나타내는 현재완료와 비슷한 뜻을 나타냅니다. 따라서 현재완료진행은 '~동안'이라는 뜻의 for 혹은 '~이후로/~이래로'라는 뜻의 since와 함께 사용될 때가 많습니다.

① 형태: 「have/has been + −ing」

- **I have been living in Seoul for 10 years.**

  나는 서울에 10년 동안 살고 있는 중이다.

- **He has been watching TV since he woke up.**

  그는 잠에서 깬 이후로 TV를 보고 있다.

② 의미: ~부터/~이후로 (지금까지 계속) ~하고 있다

- **It has been raining since yesterday.**

  어제부터 계속 비가 오고 있다.

- **They have been playing soccer for three hours.**

  그들은 3시간 동안 축구를 하고 있다.

- **Mr. Clark has been teaching English since he came to Korea.**

  Clark 선생님은 한국에 오신 이후 지금까지 영어를 계속 가르치고 계신다.

③ 주의사항

첫째, know, like, believe 같은 단어들은 진행형으로 사용할 수 없습니다.

- **We have known each other since 2010.**

  have been knowing (X)

  우리는 2010년 이후로 서로 알고 지내고 있다.

둘째, 현재완료진행 시제가 항상 현재 진행되고 있음을 뜻하는 건 아닙니다. 예를 들어 다음 두 문장을 살펴보면서 설명하겠습니다.

a. It has been raining.

비가 왔었다.

b. It has been raining for three hours.

3시간 동안 비가 오고 있다.

예문 b는 3시간 전부터 비가 내리기 시작해서 지금도 오고 있다는 걸 뜻하지만, 예문 a는 지금은 비가 안 오는데 땅이 젖어 있는 것으로 봐서 조금 전까지 비가 왔었다는 것을 확신하며 할 수 있는 말입니다. 즉 예문 a는 현재완료진행 시제로 사용되었지만 현재 해당 동작(비가 오는)이 진행되고 있는 것을 뜻하지는 않습니다.

● 현재완료 vs. 현재완료진행

그렇다면 '현재완료'와 '현재완료진행'의 차이점은 무엇일까요? 아래의 예시 문장들을 통해 살펴보도록 하겠습니다.

a. I have lived in Seoul for 10 years.

나는 10년 동안 서울에 살아왔다.

b. I have been living in Seoul for 10 years.

나는 10년 동안 서울에 살고 있다.

앞에서 언급했듯이 '현재완료진행'은 '현재완료'가 '계속'의 의미로 사용될 때와 비슷한 뜻을 갖고 있는데요. 위 예문 a는 '계속'의 뜻을 나타내는 현재완료, b는 현재완료진행으로 사용되었습니다. 두 문장은 모두 "나는 10년 동안 서울에 살고 있다."라고 해석되는데요. b를 말하는 사람이 a를 말하는 사람에 비해 앞으로도 서울에 계속 살 가능성이 높다는 느낌을 주긴 하지만, 사실 그 의미 차이는 거의 없습니다.

c. He has fixed his bike.

그는 그의 자전거를 고쳤다.

d. He has been fixing his bike for an hour.

그는 그의 자전거를 1시간 동안 고치고 있다.

예문 c와 d는 의미가 조금 다를 수 있는데요. 예문 c의 경우 그가 자전거를 다 고쳐서 이제는 자전거의 상태가 괜찮아졌다는 것을 의미하는 반면, 예문 d에서는 그가 자전거를 고치고 있는 중이어서 아직은 탈 수 있는 상태가 아니라는 것을 의미합니다.

e. I have eaten all my cookies.

나는 내 쿠키를 다 먹었다.

f. I have been eating cookies all day.

나는 하루 종일 쿠키를 먹고 있다.

마찬가지로 예문 e의 경우 내가 쿠키를 다 먹어서 이제 남아 있는 쿠키가 없다는 것을 의미하고, 예문 f는 내가 하루 종일 쿠키를 먹고 있는데 아직 쿠키가 남아 있을 가능성이 높음을 의미합니다. 이렇듯 '현재완료'와 '현재완료진행'은 비슷한 점도 있고 다른 점도 있기 때문에 문맥을 잘 파악해서 적절하게 사용해야 합니다.

우리가 알아야 할 것

- ☑ 현재완료진행은 「have/has been + -ing」의 형태로 쓸 수 있으며, '…부터/…이후로(지금까지 계속) ~하고 있다'라는 뜻으로 사용됩니다.

- ☑ 현재완료진행 시제의 문장은 주로 since나 for와 함께 사용됩니다.

- ☑ 현재완료는 이미 완료된 행동을 묘사할 때 주로 사용하는 반면, 현재완료진행은 주로 지금도 그 행동이 진행하고 있을 때 사용합니다.

Check Check 다음 문장의 빈칸에 알맞은 말을 써봅시다.

1. They _____ _____ _____ tennis since 3:00.
   그들은 3시 이후로 계속 테니스를 치고 있다.

2. She _____ _____ _____ for you for an hour.
   그녀는 너를 1시간 동안 기다리고 있다.

정답은 p.322

05
과거완료
'과거의 과거'는 어떻게 나타내지?

무슨 의미냐면요

'과거완료'는 「had + 과거분사」로 나타낼 수 있으며, 문장 속에서 과거에 있었던 두 가지 사건 중 시간상 먼저 발생한 사건을 말할 때 사용합니다.

좀 더 설명하면 이렇습니다

보통 한 문장 안에 과거시제를 나타내는 말이 두 개가 있는 경우, 두 가지 사건이 발생한 시점에 차이가 있을 수 있습니다. 이때 나중에 일어난 사건은 '과거'시제로, 먼저 일어난 사건은 '과거완료' 시제로 표현함으로써 두 개의 사건 발생 시점을 구분해줄 수 있습니다.

● 과거완료의 형태

과거완료는 주어의 인칭과 상관없이 「had + 과거분사」로 나타냅니다. 현재완료를 공부한 사람이라면 현재완료 형태인 「have + 과거분사」를 기억할 텐데요. 'have 대신 그 과거형인 had를 썼으니 현재완료가 아닌 과거완료'라고 기억하면 편할 겁니다. 또한 현재완료를 설명할 때 언급했듯이, 동사의 3단 변화를 매일 공부해서 100~150개 정도의 불규칙 동사표를 모두 내 것으로 만든다면 현재완료든, 과거완료든 쉽게 표현할 수 있을 겁니다. 한 문장 안에 과거에 일어난 사건 두 가지를 언급할 때, 둘 중 먼저 있었던 일은 '과거완료'로 표현하고 나중에 일어난 일은 '과거'시제로 표현합니다.

- **I lost my bike that my mom had given to me.**
  lose의 과거   give의 과거분사
  나는 우리 엄마가 내게 주셨던 자전거를 잃어버렸다.

  > ※먼저 발생한 일: 엄마가 내게 자전거를 주셨던 일(had given)
  >   나중에 발생한 일: 내가 자전거를 잃어버린 일(lost)

- **When I arrived at the station, the train had already left.**
                                              leave의 과거분사
  내가 기차역에 도착했을 때, 기차는 이미 떠난 상태였다.

  > ※먼저 발생한 일: 기차가 떠난 일(had left)
  >   나중에 발생한 일: 내가 기차역에 도착한 일(arrived)

● 과거완료의 의미

과거완료는 현재완료와 비슷한 뜻을 나타냅니다.

① 경험(해석: ~해본 적이 있었다)

어떤 일이 있었던 과거 특정 시점 이전에 무언가를 이미 경험한 적이 있었다는 뜻으로 말할 때 과거완료 시제를 사용할 수 있습니다.

- **I had never been to England until I visited London.**

  나는 런던에 방문했을 때까지 영국에 가본 적이 없었다.

- **James had never seen a ghost until then.**

  see의 과거분사

  James는 그때까지 귀신을 본 적이 전혀 없었다.

② 완료(해석: [이미, 방금] ~한 상태였다)

현재완료와 마찬가지로 과거완료 시제 또한 '완료'의 뜻으로 사용될 때 일반적으로 just(방금), already(이미), yet(아직) 등의 어휘가 함께 사용됩니다.

- **She had already left when I arrived home.**

  내가 집에 도착했을 때 그녀는 이미 떠난 상태였다.

- **I had finished my homework when Mom came.**

  엄마가 오셨을 때 나는 내 숙제를 끝내놓은 상태였다.

③ **계속**(해석: [계속] ~해왔었다)

현재완료와 마찬가지로 과거완료 시제 또한 '계속'의 뜻일 때 for(~동안)
나 since(~이후로) 같은 어휘가 자주 동반됩니다.

- **I was happy to see him because I hadn't seen him for ages.**

  나는 오랫동안 그를 못 봤었기 때문에 그를 보게 되어 행복했다.

- **Sam had been ill for a month when he went to see a doctor.**

  Sam은 병원에 갔을 때까지 한 달 동안 아팠었다.

④ **결과**(해석: [대과거에] ~했다 [그 결과 그때 ~했다])
   과거보다 더 이전 과거
- **Ted had lost his key, so he wasn't able to enter his house.**

  Ted는 그의 열쇠를 잃어버려서 집에 들어갈 수가 없었다.

- **I didn't have any money because I had lost my wallet.**

  내가 지갑을 잃어버렸기 때문에 돈이 하나도 없었다.

우리가 알아야 할 것

☑ 한 문장 안에 과거에 일어난 사건 두 개가 언급될 때 먼저 일어난 일은 과거완료 시제로 나타냅니다.

☑ 과거완료는 「had + 과거분사」의 형태로 쓸 수 있습니다.

☑ 과거완료는 의미에 따라 경험, 완료, 계속, 결과 등을 나타냅니다.

Check Check 주어진 단어를 활용해 과거완료 문장을 완성해봅시다.

The movie _____ (have) already _____ (start) when I _____ (arrive) at the theater.

정답은 p.322

문장과 문장을 부드럽게 이어주는 접속사

무슨 의미냐면요

접속사 중에서 종속접속사라고 불리는 녀석들은 명사절과 부사절을 만들어주는 역할을 통해 문장을 부드럽게 완성해줍니다.

좀 더 설명하면 이렇습니다

단어(word)와 단어, 구(phrase)와 구 혹은 절(clause)과 절을 연결해주는 등위접속사 and, or, but, so에 대해 초등학교 시절 배웠을 겁니다. 접속사에는 좀 더 복잡한 녀석들도 있는데요. 몇 가지 살펴보겠습니다.

● 명사절을 만드는 접속사 that

접속사 that은 문장 속에서 주어, 목적어, 보어 역할을 하는 절을 이끄는
접속사로 사용됩니다.

① 주어 역할(해석: ~은/는/이/가)

- **It is true that he is afraid of water.**
  가주어   명사절(주어)
  그가 물을 무서워한다는 건 사실이다.

② 목적어 역할(해석: ~을/를)

- **I think (that) he is afraid of water.**
                  명사절(목적어), that 생략 가능
  나는 그가 물을 무서워한다고 생각한다.

③ 보어 역할(해석: ~것[이다])

- **The problem is that he is afraid of water.**
                      명사절(보어)
  문제는 그가 물을 무서워한다는 것이다.

● 시간의 부사절을 만드는 접속사 when, before, after

시간의 뜻을 나타내는 부사절을 만드는 접속사들도 있습니다.

① when(해석: ~할 때, ~하면)

when은 '~할 때'라는 뜻을 가진 접속사로서 「when + 주어 + 동사」의

구조로 다음과 같이 사용되며, when이 이끄는 부사절에서는 현재시제가 미래시제를 대신합니다.

주어 + 동사 + ~ + when + 주어 + 동사 + ~.
　　　주절　　　　　　　　종속절
(혹은) When + 주어 + 동사 + ~, 주어 + 동사 + ~.
　　　　　　종속절　　　　　　　　주절

- When I get to the airport, I will call you.
  will get (X)
  내가 공항에 도착하면 네게 전화할게.

  = I will call you when I get to the airport.

- When I saw him, he was sleeping.

  내가 그를 봤을 때, 그는 자고 있었다.

  = He was sleeping when I saw him.

② before/after (해석: ~전에/~후에)

before와 after는 각각 '~전에'와 '~후에'라는 뜻의 반대되는 접속사입니다. before와 after는 뒤에 어떤 형태가 오느냐에 따라 전치사로 사용될 수도 있습니다.

- **You should finish it before you have lunch.**

  접속사

  너는 점심을 먹기 전에 그것을 끝내야만 한다.

cf) You should finish it before lunch.

전치사

너는 점심 식사 전에 그것을 끝내야만 한다.

- **You can have lunch after you finish it.**

너는 그것을 끝낸 후에 점심을 먹을 수 있다.

우리가 알아야 할 것

☑ 접속사 that이 이끄는 명사절은 문장에서 주어, 목적어, 보어의 역할을 할 수 있습니다.

☑ 시간을 나타내는 부사절을 이끄는 접속사에는 '～할 때'라는 뜻의 when, '～전에'라는 뜻의 before, 그리고 '～후에'라는 뜻의 after가 있습니다.

Check Check 괄호 속에 들어갈 적절한 접속사를 골라봅시다.

1. Mom was watching TV (when, that) I arrived home.

2. I went jogging (before, after) I woke up.

정답은 p.322

if가 '(만약) ~라면'의 뜻이 아니라고?

무슨 의미냐면요

접속사 if가 '(만약) ~라면'이라는 뜻으로 조건의 부사절에 사용되지 않고 '~인지 (아닌지)'라는 뜻으로 명사절에 사용될 때가 있습니다.

좀 더 설명하면 이렇습니다

if는 일반적으로 조건의 부사절을 만드는 접속사로서 '(만약) ~라면'이라는 뜻의 가정을 나타낼 때 사용합니다.

● 조건의 if

조건의 if는 '(만약) ~라면'이라는 뜻을 갖고 있습니다. 조건의 뜻을 나타널 때 if가 사용되는 문장은 다음과 같은 형태로 쓰입니다.

> 「If + 주어 + 동사 + ~, 주어 + 동사 + ~.」
> = 「주어 + 동사 + ~ + if + 주어 + 동사 + ~.」

- **If it rains tomorrow, I will stay home.**

  내일 비가 온다면, 나는 집에 있을 거야.

  = **I will stay home if it rains tomorrow.**

- **If you need help, you can call me anytime.**

  네가 도움이 필요하다면, 언제든지 내게 전화해도 돼.

- **I will buy the bicycle if it's not too expensive.**

  그 자전거가 너무 비싸지 않다면, 나는 그것을 살 거야.

> ※ unless = if ~ not
>
> 위 문장은 unless를 이용해 다음과 같이 쓸 수도 있습니다.
>
> ex) I will buy the bicycle <u>if</u> it's <u>not</u> too expensive.
>
> = I will buy the bicycle <u>unless</u> it's too expensive.

● 현재 시제가 미래 시제를 대신함

앞에서 접속사 when을 공부할 때 시간의 부사절에서는 현재시제가 미래시제를 대신한다는 내용을 배웠습니다.

- **When I get to the airport, I will call you.**

  내가 공항에 도착하면 네게 전화할게.

이 예문에서 "When I will get to the airport"처럼 will을 쓰지 않는다는 내용이었죠. 이 원칙은 if를 사용하는 조건의 부사절에서도 적용되는데요. 위에서 살펴봤던 예문을 다시 한번 써보겠습니다.

- **If it rains tomorrow, I will stay home.**

  will rain (X)

  내일 비가 온다면, 나는 집에 있을 거야.

이 문장에서 if절 부분이 내일, 즉 미래에 대해 얘기하는 부분이라고 해도 rains라는 현재형을 써야 합니다. 다시 말해서 'will rain'이라고 쓰면 어법상 틀린 문장이 된다는 겁니다. 보통 중학생 정도의 학습자들이 접속사 if를 생각하면 지금까지 언급된 조건의 뜻으로 기억하는 게 일반적인데요. 사실 if는 다음과 같은 뜻으로도 사용됩니다.

● 명사절을 이끄는 if (해석: ~인지(아닌지))

if가 조건의 뜻이 아닌 '~인지 (아닌지)'라는 뜻으로 사용될 때가 있습니다. 이때의 if는 부사절이 아닌 명사절을 이끈다고 말할 수 있으며 이렇게 해석될 때 if는 접속사 whether로 바꿔 쓸 수 있습니다.

- **I want to know if/whether she likes soccer.**

  나는 그녀가 축구를 좋아하는지 알고 싶다.

- **We are not sure if/whether it will rain tomorrow.**

  내일 비가 올지 안 올지 우리는 확신하지 못한다.

자, 여기에서 한 가지 궁금증이 생겼을 겁니다. 바로 위 문장에서는 왜 rains가 아닌 will rain을 썼을까요? 앞에서 설명했던 현재시제가 미래시제를 대신하는 경우는 시간이나 조건을 나타내는 부사절일 경우에 해당합니다. 하지만 위 문장의 경우 조건의 부사절이 아닌 명사절에 해당하기 때문에 미래의 뜻을 나타낼 경우 will을 써줘야 하는 것이죠. if가 문장 속에서 어떤 역할을 하느냐에 따라 다르게 적용되는 규칙이기 때문에 잘 알아둘 필요가 있겠습니다.

우리가 알아야 할 것

- ☑ if는 조건의 부사절에 사용되는 접속사로서 '(만약) ~라면'이라는 뜻으로 해석됩니다.

- ☑ 이 경우 미래의 뜻을 나타낼 때 if절에는 미래시제가 아닌 현재시제를 사용합니다.

- ☑ if는 조건이 아닌 '~인지 (아닌지)'라는 뜻으로 사용되면서 명사절을 이끌기도 하며, 이때는 접속사 whether와 바꿔 쓸 수 있습니다.

Check Check 다음 문장에서 if의 뜻을 골라봅시다.

1. I don't know <u>if</u> she is coming to the party.

   (~라면 / ~인지)

2. Save money <u>if</u> you want to be rich.

   (~라면 / ~인지)

정답은 p.323

174

because를 써야 하나,
because of를 써야 하나?

무슨 의미냐면요

because 다음에는 '주어 + 동사'를 쓰고, because of 다음에는 명사(구)나 대명사를 씁니다.

좀 더 설명하면 이렇습니다

because는 혼자만 사용될 때도 있고 of와 함께 사용될 때도 있습니다. because나 because of 앞에는 '결과'에 해당하는 말이 나오고, 뒤에는 '원인'에 해당하는 말이 나오는데요. 뒤에 나오는 단어의 성격에 따라 because만 쓸 수도 있고 of를 함께 쓸 수도 있습니다.

● because의 뜻

because는 '(왜냐하면) ~ 때문에'라는 뜻의 접속사로서 다음 문장과 같이 so라는 접속사와 비교해서 그 의미를 파악하면 좋습니다.

• **I was tired,** so **I went to bed early.**

  원인   그래서   결과

나는 피곤해서 일찍 잤다.

• **I went to bed early** because **I was tired.**

    결과   ~때문에   원인

나는 피곤했기 때문에 일찍 잤다.

because를 사용하고 싶은데 뒤에 '주어 + 동사' 형태가 아닌 명사(구) 혹은 대명사가 나올 때는 because 뒤에 of를 써서 because of의 형태를 써주는데요. 이때 because를 사용할지 혹은 because of를 사용할지는 다음과 같이 구분할 수 있습니다.

● because + 주어 + 동사

because 다음에는 주어와 동사를 써줍니다. 반대로 말하면 주어와 동사가 쓰인 절 앞에 빈칸이 있다면 because of가 아닌 because를 써줘야 합니다.

- **Jenny can't go to school** because **she is sick.**

  주어+동사

  Jenny는 아프기 때문에 학교에 갈 수가 없다.

- **I couldn't buy it** because **I had no money.**

  주어+동사

  나는 돈이 없었기 때문에 그것을 사지 못했다.

※since는 '~이래로/~이후로'라는 뜻 이외에 '~때문에'라는 뜻으로도 사용
되기 때문에 because는 since와 바꿔 쓸 수 있습니다.
ex) I couldn't buy it since I had no money.
= because

● because of + 명사(구)/대명사

because of 다음에는 명사(구) 혹은 대명사를 써줍니다. 반대로 말하면
명사(구) 혹은 대명사 앞에 빈칸이 있다면 because가 아닌 because of를
써줘야 합니다.

- **They couldn't play soccer** because of **the heavy rain.**

  명사구

  그들은 폭우 때문에 축구를 할 수 없었다.

- **We failed the team project** because of **him.**

  대명사

  우리는 그 때문에 팀 프로젝트를 실패했다.

● because vs. because of

시험문제에서 빈칸에 because를 쓸지 because of를 쓸지를 결정하기

위해서는 빈칸 뒤에 나오는 표현이 '주어 + 동사'인지 아니면 명사(구)나 대명사인지를 알아야 합니다.

a. I feel blue today _____ the weather is bad.

나는 오늘 날씨가 좋지 않기 때문에 기분이 우울하다.

b. I feel blue today _____ the bad weather.

나는 나쁜 날씨 때문에 기분이 우울하다.

위 예문 a의 빈칸에는 뭐라고 써야 할까요? 빈칸 뒤를 살펴보면 the weather가 주어, is가 동사이니까 because를 써야 합니다. 그렇다면 예문 b는 어떤가요? 'the bad weather'가 명사구이기 때문에 because of를 써야 하죠. 연습을 한 번 더 해볼까요?

c. We were able to finish our project _____ he helped us.

그가 우리를 도와줬기 때문에 우리는 우리의 프로젝트를 끝낼 수 있었다.

d. We were able to finish our project _____ his help.

그의 도움 때문에 우리는 우리의 프로젝트를 끝낼 수 있었다.

예문 c와 d의 빈칸에는 뭐라고 써야 할까요? 먼저 c는 빈칸 뒤에 주어 (he)와 동사(helped)가 있기에 because를 써야 합니다. d의 빈칸 뒤에는 명사구(his help)가 사용되었기 때문에 빈칸에 because of가 들어가야 합니다.

☑ '(왜냐하면) ∼때문에'라는 뜻으로 because나 because of를 사용할 수 있습니다.

☑ because 다음에는 '주어 + 동사'가 오고, because of 다음에는 명사(구)나 대명사가 옵니다.

Check Check 괄호 속에 들어갈 적절한 말을 골라봅시다.

1. I'm hungry (because, because of) I didn't have breakfast.
2. I feel stressed (because, because of) the homework.

정답은 p.323

사람이면 who,
사물이면 which

무슨 의미냐면요

관계대명사를 쓸 때 앞에 있는 선행사가 사람이면 who, 사물 혹은 동물
이면 which를 사용합니다.

좀 더 설명하면 이렇습니다

관계대명사는 두 문장을 하나로 이어주는 역할을 합니다. 예를 들어 다
음과 같은 문장이 있다고 합시다. an uncle과 He는 같은 사람을 지칭하며
관계대명사 who를 이용해서 한 문장으로 합칠 수 있습니다.

- **I have <u>an uncle</u>. <u>He</u> studies AI.**

  나에게는 삼촌이 한 분 계신다. 그는 인공지능(AI)을 공부한다.

- **I have an uncle <u>who</u> studies AI.**

  나에게는 인공지능(AI)을 공부하는 삼촌이 한 분 계신다.

위 문장에서 관계대명사의 꾸밈을 받는 an uncle을 '선행사'라고 합니다. 이 선행사가 사람이냐, 아니냐에 따라 그리고 관계대명사로 대체되기 전의 단어(위 예문에서는 He)가 주어, 소유격, 목적어 중 어떤 것으로 쓰였었는지에 따라 다음 표와 같은 관계대명사를 사용합니다.

아래 표를 보면 어떤 관계대명사를 써야 하는지 알 수 있습니다.

선행사가	주격	소유격	목적격
사람이면	who/that	whose	who(m)/that
사람이 아니면	which/that	whose	which/that

● **주격 관계대명사**

위 관계대명사 표를 외웠다고 가정하고 설명해보겠습니다. 다음 두 문장을 관계대명사를 이용해서 한 문장으로 합치면 어떻게 될까요?

- **I have a bike.**

  나는 자전거를 하나 갖고 있다.

- **It looks like a dragon.**

  그것은 용처럼 생겼다.

두 문장에서 공통 단어는 a bike와 It입니다. 선행사인 a bike는 사람이 아닌 사물입니다. 두 문장을 합친다면 It을 빼고 관계대명사를 써야 합니다. 이때 It은 문장 속에서 주어 역할을 하기 때문에 주격 관계대명사가 필요합니다. 따라서 선행사가 사람이 아닐 때 사용할 수 있는 주격 관계대명사인 which나 that을 이용해 다음과 같이 문장을 만들 수 있는 것이죠.

- **I have a bike** [**which** **looks like a dragon**].
  = that
  나는 용처럼 생긴 자전거를 하나 갖고 있다.

〔 〕: 관계대명사절

그렇다면 다음 두 문장은 어떻게 하나로 합칠 수 있을까요?

- **The bike is mine.**

  그 자전거는 내 것이다.

- **It looks like a dragon.**

  그것은 용처럼 생겼다.

두 문장에서 공통 단어는 The bike와 It입니다. 선행사인 The bike는 사람이 아닌 사물입니다. 여기서도 사라질 It은 문장 속에서 주어 역할을 하기 때문에 주격 관계대명사가 필요합니다. 따라서 선행사가 사람이 아닐 때 사용할 수 있는 주격 관계대명사인 which나 that을 이용해 다음과 같은 문장을 만들 수 있는 것이죠. 이때 중요한 건 관계대명사가 이끄는 절은 반드시 선행사(The bike) 뒤에 들어가야 한다는 것입니다(앞 문장 뒤에 자동으로 붙는 게 아님).

- **The bike** 〔**that** looks like a dragon〕 **is mine.** (O)

  용처럼 생긴 그 자전거는 내 것이다.

- **The bike is mine** 〔**that** looks like a dragon〕**.** (X)

● 소유격 관계대명사

이번에는 소유격 관계대명사의 예를 들어보겠습니다. 다음 두 문장을 하나로 합치는 과정을 살펴볼까요?

- **I know a man.**

  나는 한 남자를 안다.

- **His sister is a famous singer.**

  그의 여동생은 유명한 가수다.

두 문장의 공통 단어는 a man과 His입니다. 선행사인 a man은 사람입니다. His는 소유격이기 때문에 소유격 관계대명사가 필요합니다. 따라서 선행사가 사람일 때 사용할 수 있는 소유격 관계대명사인 whose를 이용해서 다음과 같은 문장을 만들 수 있는 것이죠.

- **I know a man [whose sister is a famous singer].**

  나는 여동생이 유명한 가수인 한 남자를 안다.

● 목적격 관계대명사

마지막으로 목적격 관계대명사의 예를 들어보겠습니다. 마찬가지로 다음 두 문장을 하나로 합쳐보겠습니다.

- **The food was delicious.**

  그 음식은 맛있었다.

- **I had it yesterday.**

  나는 어제 그것을 먹었다.

두 문장에서 공통 단어는 The food와 it입니다. 선행사인 The food는 사람이 아닙니다. 사라질 it은 문장 속에서 목적어 역할을 하기 때문에 목적격 관계대명사가 필요합니다. 따라서 선행사가 사람이 아닐 때 사용할 수 있는 목적격 관계대명사인 which나 that을 이용해서 다음과 같은 문장을 만들 수 있는 것이죠.

- **The food** 〔which **I had yesterday**〕 **was delicious.**

어제 내가 먹었던 그 음식은 맛있었다.

> ※목적격 관계대명사는 생략할 수 있습니다. 따라서 위 문장은 다음과 같이 쓸
> 수도 있습니다.
> ex) The food I had yesterday was delicious.
> 　　어제 내가 먹었던 그 음식은 맛있었다.

● 어떤 관계대명사를 써야 하나?

그렇다면 빈칸에 어떤 관계대명사를 써야 할지를 묻는 문제를 봤을 때 어떤 전략을 세워야 할까요? 먼저 빈칸 다음에 동사가 나오면 '주격 관계대명사'를 씁니다. 그리고 빈칸 다음에 주어가 보이고 그 뒤쪽에 목적어가 빠져 있으면 '목적격 관계대명사'를 씁니다. 마지막으로 빈칸 다음에 관사가 없는 명사(구)가 보이면 '소유격 관계대명사'를 씁니다. 위 원칙을 대입해서 다음 문장의 빈칸에 들어갈 관계대명사를 찾아볼까요?

- **This is the boy** _____ **I met yesterday.**

이 애가 바로 내가 어제 만났던 그 소년이다.

빈칸 다음에 주어(I)가 보이고 met의 목적어가 빠져 있기 때문에 목적

격 관계대명사를 쓰면 됩니다. 그런데 선행사(the boy)가 사람이니 who 혹은 whom을 쓰면 된다는 말씀! 하나 더 살펴볼까요?

- **The tall building _____ is next to your house looks cool.**

  너희 집 옆에 있는 그 높은 건물은 멋져 보인다.

빈칸 다음에 동사(is)가 있으니까 주격 관계대명사를 쓰면 됩니다. 그런데 선행사(The tall building)가 사물이니 which나 that을 쓰면 되는 것이고요. 이 문장에서 주의해야 할 것은 관계대명사절(which is next to your house)이 전체 문장의 주어(The tall building)와 동사(looks)의 사이를 멀게 만든 형태이기 때문에 주어와 동사의 수일치에 신경 써야 한다는 겁니다. 다시 말해 주어(The tall building)가 3인칭 단수이기 때문에 동사는 look이 아닌 looks를 써줘야 한다는 말이죠. 하나만 더 살펴보겠습니다.

- **He has a dog _____ tail is very short.**

  그는 꼬리가 아주 짧은 개를 한 마리 갖고 있다.

빈칸 다음에 관사가 없는 명사(tail)가 있으니까 소유격 관계대명사 whose를 쓰면 됩니다.

우리가 알아야 할 것

☑ 관계대명사는 주격, 소유격, 목적격으로 나눠서 생각해볼 수 있으며, 목적격 관계대명사는 생략할 수 있습니다.

☑ 선행사가 사람일 때는 who(주격), whose(소유격), who(m)(목적격)를 사용합니다.

☑ 선행사가 사람이 아닐 때는 which(주격), whose(소유격), which(목적격)를 사용합니다.

☑ 선행사에 상관없이 주격과 목적격 관계대명사는 that으로 바꿔 쓸 수 있습니다.

Check Check 다음 빈칸에 들어갈 관계대명사를 써봅시다.

1. I have a friend _____ eyes are blue.
2. Look at the bird _____ is singing in the tree.
3. The candies _____ we had yesterday were sweet.

정답은 p.323

give 다음에는 to,
buy 다음에는 for

무슨 의미냐면요

4형식 문장을 3형식으로 바꿀 때 동사에 따라 사용하는 전치사가 다릅니다. 예를 들어 give는 to라는 전치사가 필요하고, buy는 for라는 전치사가 필요합니다.

좀 더 설명하면 이렇습니다

영어 문장의 여러 유형 중에 목적어의 개수 및 종류에 따라 편의상 3형식 혹은 4형식 문장이라고 부르는 녀석들이 있습니다.

● 3형식: 주어 + 동사 + 목적어

영어 문장 중 「주어 + 동사 + 목적어」의 패턴으로 사용되면 그 문장은 3형식이라고 부릅니다. 다음과 같은 문장들이 3형식 문장에 해당하죠.

- **Jason likes soccer.**

  주어　동사　목적어

  Jason은 축구를 좋아한다.

- **They have a lot of money.**

  주어　동사　　　목적어

  그들은 많은 돈을 갖고 있다.

- **She reads books every night.**

  주어　동사　목적어　　수식어구

  그녀는 매일 밤 책을 읽는다.

> ※'수식어구'는 문장의 형식에 영향을 주지 않음

● 4형식: 주어 + 동사 + 간접목적어 + 직접목적어

영어 문장 중 목적어 2개(간접목적어 + 직접목적어)가 사용되는 패턴이 있는데 이런 형태의 문장을 4형식이라고 부릅니다.

- **They gave her a dollar.**

  주어   동사   간·목   직·목

  그들은 그녀에게 1달러를 줬다.

- **He showed me his new wallet.**

  주어   동사   간·목   직·목

  그는 내게 그의 새 지갑을 보여줬다.

- **We bought him a pencil.**

  주어   동사   간·목   직·목

  우리는 그에게 연필 한 자루를 사 줬다.

- **Chris made her a cup of tea.**

  주어   동사   간·목   직·목

  Chris는 그녀에게 차 한 잔을 만들어줬다.

- **She asked them a few questions.**

  주어   동사   간·목   직·목

  그녀는 그들에게 질문을 몇 개 했다.

● 4형식 → 3형식 전환하기

이런 4형식 문장은 다음과 같이 3형식 문장으로 바꿀 수 있습니다.

> **(4형식) 주어 + 동사 + 간접목적어 + 직접목적어**
> ··· **(3형식) 주어 + 동사 + 직접목적어 + 전치사 + 간접목적어**

이때 3형식 문장에 사용되는 전치사는 동사에 따라 to, for, of 중 한 가지를 사용해야 합니다. 어떤 동사가 나오면 to를 사용하는지, 어떤 동사가 나오면 for 혹은 of를 사용하는지 다음 표를 통해 확인해봅시다.

to를 사용하는 동사	give, show, bring, send, teach 등
for를 사용하는 동사	buy, make, build, cook, do, get 등
of를 사용하는 동사	ask 등

지금까지 살펴본 내용을 바탕으로 앞에 언급했던 4형식 문장 5개를 3형식으로 바꾸면 다음과 같습니다.

- **They gave her a dollar.**

    주어 동사 간·목 직·목

⋯▸ **They gave a dollar to her.**

    주어 동사   직·목   간·목

- **He showed me his new wallet.**

    주어   동사   간·목   직·목

···→ **He** showed **his new wallet** to **me.**

　　주어　　동사　　　직·목　　　　간·목

· **We** bought **him a pencil.**

　　주어　　동사　　간·목　직·목

···→ **We** bought **a pencil** for **him.**

　　주어　　동사　　　직·목　　　간·목

· **Chris** made **her a cup of tea.**

　　주어　　동사　　간·목　　직·목

···→ **Chris** made **a cup of tea** for **her** .

　　주어　　동사　　　직·목　　　　간·목

· **She** asked **me a few questions.**

　　주어　　동사　　간·목　　　직·목

···→ **She** asked **a few questions** of **me.**

　　주어　　동사　　　직·목　　　　간·목

우리가 알아야 할 것

☑ 「주어 + 동사 + 목적어」 형태의 문장을 3형식 문장이라고 합니다.

☑ 「주어 + 동사 + 간접목적어 + 직접목적어」 형태의 문장을 4형식 문장이라고 합니다.

☑ 「주어 + 동사 + 간접목적어 + 직접목적어」 형태의 4형식 문장을 「주어 + 동사 + 직접목적어 + 전치사 + 간접목적어」 형태의 3형식 문장으로 바꿀 수 있습니다.

☑ 이때 동사에 따라 전치사 to, for, of 중 하나를 사용합니다.

Check Check 두 문장이 같은 뜻이 되도록 빈칸에 알맞은 말을 써봅시다.

1. I sent her a letter. = I sent a letter _____ her.
2. I will buy you a bike. = I will buy a bike _____ you.

정답은 p.323

11
5형식, 사역동사, 지각동사

그 유명한 '사역동사'와 '지각동사'의 등장

무슨 의미냐면요

영어의 많은 동사 중 make, have, let 같은 동사를 '사역동사'라고 부르고 see, hear, feel, smell 같은 동사를 '지각동사'라고 부릅니다. 중학교 영어에서 아주 중요하게 다루는 내용이기 때문에 잘 알아둬야 합니다.

좀 더 설명하면 이렇습니다

「주어 + 동사 + 목적어 + 목적격 보어」의 형태를 5형식이라고 합니다. 이때 목적격 보어 자리에 동사가 위치할 때 to부정사 형태를 써야만 할 수도 있고, 동사원형의 형태를 써야만 할 수도 있고, 둘 다 상관없는 경우도 있습니다. 또한 −ing가 붙은 현재분사 형태를 쓰는 경우도 있습니다.

● want, tell, ask, allow

이 동사들은 목적격 보어 자리에 to부정사를 써야 합니다.

want	목적어	to부정사

(목적어)가 ∼하기를 원하다

tell	목적어	to부정사

(목적어)에게 ∼하라고 말하다

ask	목적어	to부정사

(목적어)에게 ∼해달라고 요청하다

allow	목적어	to부정사

(목적어)가 ∼하도록 허락하다

- **I** wanted **him to go home.**

  나는 그가 집에 가기를 바랐다.

- **I** told **him to go home.**

  나는 그에게 집에 가라고 말했다.

- **I** asked **him to go home.**

  나는 그에게 집에 갈 것을 요청했다.

• **I** allowed **him** **to go** home.

나는 그가 집에 가는 것을 허락했다.

● 사역동사

동사 중 '사역동사'라고 부르는 녀석들이 있습니다. '사역'은 일을 시킨다는 뜻인데요. 따라서 '사역동사'라고 하면 다른 사람에게 무언가를 시키거나 허락해준다는 뜻을 갖고 있는 동사를 의미합니다. 영어의 사역동사에는 대표적으로 make, have, let이 있는데요. 다음 패턴으로 사용되는데목적어 뒤에 오는 목적격 보어 자리에 동사가 올 때 반드시 원형의 형태로써야 합니다.

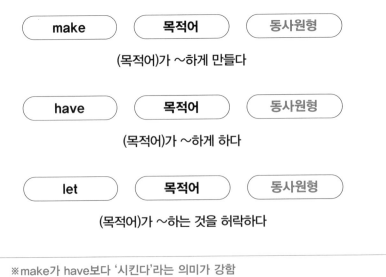

make　　목적어　　동사원형

(목적어)가 ~하게 만들다

have　　목적어　　동사원형

(목적어)가 ~하게 하다

let　　목적어　　동사원형

(목적어)가 ~하는 것을 허락하다

※make가 have보다 '시킨다'라는 의미가 강함

- **I made him go home.**

  나는 그가 집에 가게 만들었다.

- **I had him go home.**

  나는 그가 집에 가게 했다.

- **I let him go home.**

  나는 그가 집에 가는 것을 허락했다.

위 세 문장에서 중요한 건 목적격 보어로 goes, going, went 등이 아닌 go라는 동사원형을 썼다는 점입니다. 사역동사의 영향을 받은 거죠.

● get, help

사역동사라고 부르지는 않지만 비슷한 의미를 갖고 있어서 시험에 자주 출제되는 단어 두 개가 있습니다. 바로 get과 help인데요. 다음과 같은 특징이 있습니다.

| get | 목적어 | to부정사 |

(목적어)가 ~하게 하다

| help | 목적어 | 동사원형/to부정사 |

(목적어)가 ~하는 것을 돕다

① get의 목적격 보어로는 동사원형이 아닌 to부정사를 씁니다.

- **I** had **him go home.**   vs.   **I** got **him to go home.**

  나는 그가 집에 가게 했다.   나는 그가 집에 가게 했다.

② help의 목적격 보어로는 동사원형을 쓸 수도 있고 to부정사를 쓸 수도 있습니다.

- **I** helped **him (to) go home.**

  나는 그가 집에 가는 것을 도왔다.

● **지각동사**

'지각'이라는 말은 어떤 일에 대해서 이미 보거나 들어서 알고 있다는 뜻입니다. 따라서 '보다' '듣다'와 같은 뜻을 갖고 있는 see, hear, feel, smell 등의 동사를 '지각동사'라고 하며 다음과 같은 형태로 목적어 뒤에 동사원형이나 현재분사(-ing) 형태를 사용합니다.

| see | 목적어 | 동사원형/-ing |

(목적어)가 ~하는 것을/~하고 있는 것을 보다

| hear | 목적어 | 동사원형/-ing |

(목적어)가 ~하는 것을/~하고 있는 것을 듣다

| feel | 목적어 | 동사원형/-ing |

(목적어)가 ~하는 것을/~하고 있는 것을 느끼다

smell	목적어	동사원형/-ing

(목적어)가 ~하는/~하고 있는 냄새를 맡다

- **I saw Tony dance on the stage.**

  나는 Tony가 무대 위에서 춤추는 모습을 봤다.

- **She heard someone shout at her.**

  그녀는 누군가 그녀에게 소리치는 소리를 들었다.

- **I felt the cat lick my fingers.**

  나는 그 고양이가 내 손가락을 핥는 것을 느꼈다.

- **Can you smell something burning?**

  무언가 타는 냄새 안 나니?

그렇다면 지각동사 뒤에 동사원형을 쓸 때와 현재분사(-ing)를 쓸 때의 의미 차이가 있을까요? 지각동사 뒤에 목적어와 목적격 보어를 쓸 때 목적격 보어 자리에 현재분사를 쓰면 동사원형을 쓸 때보다 좀 더 '진행'의 의미가 강조됩니다.

- **I saw Tony dance on the stage.**

  > ※Tony가 춤추는 장면을 처음부터 끝까지 다 봤을 가능성이 큼

- **I saw Tony dancing on the stage.**

  > ※Tony가 춤을 추고 있는데 일정 부분만 봤을 가능성이 큼

☑ want, tell, ask, allow가 사용된 5형식 문장에서 목적격 보어 자리에 오는 동사는 반드시 to부정사 형태로 써줍니다.

☑ 사역동사 make, have, let 다음에는 목적어와 목적격 보어를 연속해서 쓰는데, 목적격 보어 자리에 동사가 올 때는 반드시 원형의 형태를 써줍니다.

☑ 비슷한 의미의 get을 사용할 때는 동사원형이 아닌 to부정사 형태를 써줍니다.

☑ help 뒤에는 동사원형이나 to부정사 둘 다 올 수 있습니다.

☑ 지각동사 see, hear, feel, smell이 사용된 문장의 목적격 보어 자리에는 동사원형을 써줍니다(전체 행동이 아닌 일부의 진행 상태만 묘사하고자 할 때는 동사원형 대신 현재분사[-ing]를 사용할 수도 있음).

Check Check 주어진 말 중 어법에 맞는 것을 골라봅시다.

1. He made us (clean / cleans) the room.
2. I let him (stay / stayed) home today.

정답은 p.323

12
간접의문문

직접의문문 vs.
간접의문문

무슨 의미냐면요

　일반적인 의문문을 '직접의문문'이라고도 하는데요. 이 직접의문문이 다른 문장의 일부분으로 들어가면 좀 더 공손한 표현으로 바뀌게 되며, 이때 변신한 의문문을 '간접의문문'이라고 합니다.

좀 더 설명하면 이렇습니다

　직접의문문이 의문사가 있는 의문문이냐, 의문사가 없는 의문문이냐에 따라 간접의문문을 만드는 방식이 좀 다릅니다.

● **의문사가 있는 의문문**

의문사가 있는 직접의문문이 다른 문장의 일부분으로 들어갈 때, 즉 간
접의문문으로 사용될 때는 다음 원칙만 기억하면 됩니다.

> ### 주어와 동사의 위치를 바꿔라!

① be동사 의문문

직접 **Where is he?** 그는 어디에 있니?

⋯▶ **간접** **Do you know** _____**?** 너는 그가 어디에 있는지 아니?

직접의문문(Where is he?)이 간접의문문의 빈칸으로 쏙 들어간다고 가정
해보겠습니다. 직접의문문을 간접의문문으로 바꿀 때 무엇과 무엇의 위치
를 바꾸라고 했죠? 네, 맞습니다. 주어와 동사의 위치를 바꾸라고 했습니
다. 따라서 간접의문문은 다음과 같이 완성할 수 있습니다.

직접 **Where is he?** 그는 어디에 있니?
　　　　　　동사(be동사) 주어

⋯▶ **간접** **Do you know** 〔**where he is**〕**?** 너는 그가 어디에 있는지 아니?

직접 **What are they doing?** 그들은 무엇을 하고 있니?
　　　　　　　　동사(be동사)　주어

202

····▶ **간접** **Can you tell me** 〔what **they are** doing〕？ 너는 그들이 무엇을

하고 있는지 내게 말해 줄 수 있니?

② 조동사 의문문

조동사가 사용된 의문문도 마찬가지로 주어와 조동사의 위치만 바꾸면
간접의문문으로 만들 수 있습니다.

　　　　직접 **What should I do now?** 나는 이제 무엇을 해야 하니?
　　　　　　　　　　조동사　주어
····▶ **간접** **Please tell me** 〔what **I should** do now〕. 내가 이제 무엇을 해

야 할지 말해주세요.

　　　　직접 **How can we get there?** 우리가 거기에 어떻게 갈 수 있을까?
　　　　　　　　조동사 주어
····▶ **간접** **Do you know** 〔how **we can** get there〕？ 너는 우리가 거기에 어

떻게 갈 수 있을지 아니?

③ 일반동사 의문문

지금까지 살펴본 be동사나 조동사 문장의 경우 간접의문문으로 만들
때 주어와 동사의 위치만 바꾸면 됐지만, 지금부터 살펴볼 일반동사가 사
용된 의문문에서는 생각해야 할 게 한 가지 더 있습니다.

　　　　직접 **Where do you live?** 너는 어디에 사니?

간접 **Can you tell me 〔where you do live〕?** 네가 어디에 사는지 내게 말해줄 수 있니?

여기까지는 be동사나 조동사가 사용된 의문문과 똑같습니다. 하지만 일반동사 문장에서는 마지막 단계로 do, does, did의 흔적을 지워야 하는데요. 위 문장처럼 do가 남아 있을 때는 do를 삭제해서 아래 문장처럼 만들어야 합니다.

간접 **Can you tell me 〔where you do live〕?**

⋯▶ **간접** **Can you tell me 〔where you live〕?**
= do live

예문을 하나 더 살펴볼까요?

직접 **Where does she live?** 그녀는 어디에 사니?

⋯▶ **간접** **Can you tell me 〔where she does live〕?** 그녀가 어디에 사는지 내게 말해 줄 수 있니?

마찬가지로 여기에서 한 가지 단계가 더 들어가는데 does의 경우 사라지면서 −s의 흔적을 본동사(live)에 남겨서 lives로 변신시켜야 합니다. 다음 문장처럼요.

• **Can you tell me** 〔where **she** <u>does live</u>〕**?**

···▸ **Can you tell me** 〔where **she** <u>lives</u>〕**?**

does live

마지막으로 과거시제일 때는 어떨까요?

직접　**Where** <u>**did**</u> **they** <u>live</u>**?** 그들은 어디에 살았니?

···▸ 간접　**Can you tell me** 〔where <u>**they**</u> <u>**did**</u> **live**〕**?**　그들이 어디에 살았는

지 내게 말해 줄 수 있니?

did의 경우 사라지면서 과거시제의 흔적을 본동사(live)에 남겨서 lived
로 변신시켜야 합니다. 다음 문장처럼요.

• **Can you tell me** 〔where **they** <u>did live</u>〕**?**

···▸ **Can you tell me** 〔where **they** <u>lived</u>〕**?**

= did live

● 의문사가 없는 의문문

지금까지 우리는 의문사가 있는 의문문을 간접의문문으로 바꾸는 방법
에 대해 알아봤습니다. 지금부터는 의문사가 없는 의문문에 대해 알아볼
건데요. 의문사가 없는 직접의문문이 다른 문장의 일부분으로 들어갈 때,
즉 간접의문문으로 사용될 때는 다음 원칙을 기억해야 합니다.

① be동사 의문문

　의문사가 없는 의문문 중 be동사가 사용된 의문문의 경우 if나 whether 를 쓰고 그다음 '주어 + 동사'의 순서로 완성합니다.

> 직접　**Is he hungry?**　그는 배가 고프니?
> 　　동사(be동사) 주어
> ···▸ 간접　**Do you know 〔if he is hungry〕?**　너는 그가 배가 고픈지 (안 고픈지)
> 　　　　　　　　　　= whether
> 아니?

② 조동사 의문문

　조동사가 사용된 경우도 마찬가지로 간접의문문이 되었을 때 「if/ whether + 주어 + 조동사 + 동사원형」의 순서를 취합니다.

> 직접　**Can Andy play the guitar?**　Andy는 기타를 칠 수 있니?
> 　　조동사　주어
> ···▸ 간접　**I wonder 〔if Andy can play the guitar〕.**　나는 Andy가 기타를
> 　　　　　　　= whether
> 칠 수 있는지 궁금하다.

③ 일반동사 의문문

일반동사가 사용된 의문문에서는 앞서 의문사가 있는 의문문에서 살펴봤던 것처럼 do, does, did의 흔적을 지우는 단계가 중요합니다.

직접 **Do you know the answer?** 너는 정답을 아니?

⋯▸ **간접** **Can you tell me** 〔**if you know the answer**〕**?** 네가 정답을 아
= whether   do know → know
는지 내게 말해 줄 수 있니?

> ※if you do know에서 do know를 그냥 know로 씀

직접 **Does he know the answer?** 그는 정답을 아니?

⋯▸ **간접** **Can you tell me** 〔**if he knows the answer**〕**?** 그가 정답을 아
= whether   does know → knows
는지 내게 말해 줄 수 있니?

> ※if he does know에서 does know를 knows로 바꿈

직접 〔**Did she know the answer**〕**?** 그녀는 정답을 알고 있었니?

⋯▸ **간접** **Can you tell me** 〔**if she knew the answer**〕**?** 그녀가 정답을
= whether   did know → knew
알고 있었는지 내게 말해 줄 수 있니?

> ※if she did know에서 did know를 knew로 바꿈

우리가 알아야 할 것

☑ 의문사가 있는 의문문을 간접의문문으로 만들 때는 「의문사 + 주어 + 동사」의 순서로 써줍니다.

☑ 의문사가 없는 의문문을 간접의문문으로 만들 때는 「if/whether + 주어 + 동사」의 순서로 써줍니다.

☑ 직접의문문에 do, does, did가 사용되었다면 간접의문문에서는 쓰지 않습니다. 대신 그 흔적만 남깁니다.

Check Check 다음 문장을 이용해서 간접의문문을 완성해봅시다.

1. Who is he?

⋯▸ I'd like to know _____ .

2. What did he buy?

⋯▸ Do you know _____ ?

정답은 p.323

208

13
부가의문문

처음엔 질문이 아니었는데
갑자기 질문으로 바뀐다?

무슨 의미냐면요

평서문으로 시작하다가 마지막에 질문으로 바뀌는 의문문을 '부가의문문'이라고 합니다.

좀 더 설명하면 이렇습니다

'부가(附加)'라는 말은 '주된 것에 덧붙임'이라는 뜻입니다. 이 말을 사용한 의문문이 하나 있는데요. 자신이 한 말에 대해 상대방에게 동의를 구하거나 확인하고 싶을 때 문장의 끝부분에 「~, 동사 + 인칭대명사?」 형태를 붙여 만든 의문문을 '부가의문문'이라고 합니다.

● 부가의문문 공식

부가의문문은 다음과 같은 패턴으로 나타낼 수 있으며 ①번과 ②번에
어떤 것을 써주느냐가 중요합니다.

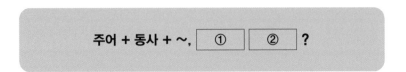

②번에는 주어에 해당하는 인칭대명사를 써줍니다. 앞부분에 있는 동
사가 be동사면 ①번에도 똑같이 be동사를, 조동사면 ①번에도 똑같이 조
동사를, 일반동사라면 ①번에는 주어의 인칭 및 시제에 따라 do, does,
did 중 하나를 씁니다. 앞부분이 긍정이면 ①번에는 부정으로, 앞부분이
부정이면 ①번에는 긍정으로 씁니다. 이 공식들을 적용하면 아래와 같은
부가의문문들이 탄생하는 것이죠.

- **She is from Chicago, isn't she?**

  그녀는 시카고 출신이야, 그렇지 않니?

- **She isn't from Chicago, is she?**

  그녀는 시카고 출신이 아니야, 그렇지?

> ※앞부분이 긍정이면 부가의문은 부정으로, 부정이면 긍정으로!

- **Tony likes cats, doesn't <u>he</u>?**

  Tony는 고양이를 좋아해, 그렇지 않니?

- **Tony doesn't like cats, does <u>he</u>?**

  Tony는 고양이를 좋아하지 않아, 그렇지?

> ※일반동사의 현재형이며 주어(Tony)가 3인칭 단수이기 때문에 does를 사용.
> 부가의문문의 ②번 자리에는 명사가 아닌 인칭대명사를 사용

- **He <u>bought</u> a new bicycle, <u>didn't</u> he?**

  그는 새 자전거를 샀어, 그렇지 않니?

- **He <u>didn't</u> buy a new bicycle, <u>did</u> he?**

  그는 새 자전거를 사지 않았어, 그렇지?

> ※일반동사의 과거형이기 때문에 주어의 인칭과 상관없이 did를 사용

● **부가의문문의 의미**

　부가의문문은 말하는 사람의 의도에 따라 끝을 올려 읽거나 내려서 읽습니다.

① 확실치 않은 상태에서 사실인지 물어보고 싶을 때

- You're from Sydney, **aren't you?**

안츄

> ※상대방이 시드니 출신인지 아닌지 확실하게 알지 못함(상대방이 해당 정보를 확인해주기를 바라는 마음이 포함되어 있음)

② 이미 (거의) 알고 있고 상대방도 내 의견에 거의 100% 동의할 것이라고 생각할 때

- You're from Sydney, **aren't you?**

안츄 ↘

> ※말하는 사람은 상대방이 시드니 출신이라는 걸 거의 100% 확신하는 상태인데 상대방에게 한 번 더 확인하려고 물어보고 있음(상대방도 내 의견에 동의할 것이라는 믿음이 포함되어 있음)

● 명령문과 제안문일 때

① 명령문일 때는 주로 will you를 사용합니다.

- Do it now, <u>will you?</u>

  지금 그것을 해라, 그래 줄래?

- Don't make a noise, <u>will you?</u>

  시끄럽게 하지 마, 알았지?

- Wait here for a moment, <u>won't you?</u>

  여기 잠깐 기다려, 그래 주지 않을래?

※상황에 따라 won't you를 사용할 때도 있습니다.

② 제안문일 때는 shall we를 사용합니다.

- Let's invite everyone for dinner, <u>shall we?</u>

    저녁 식사에 모두 다 초대하자, 그래도 되지?

- Let's take a break, <u>shall we?</u>

    잠깐 쉬자, 그래도 되지?

우리가 알아야 할 것

☑ 부가의문문을 만들 때 앞에 be동사가 있으면 be동사를, 조동사가 있으면 조동사를, 일반동사가 있으면 do, does, did를 사용합니다.

☑ 앞이 긍정이면 부정으로, 부정이면 긍정으로 만듭니다.

☑ 확실치 않아서 사실인지 물어보고 싶다면 끝을 올려 읽고, 알고 있는 내용에 대해 상대방의 동의를 구하기를 원한다면 끝을 내려 읽습니다.

☑ 명령문은 'will you'를 붙여서, 제안문은 'shall we'를 붙여서 만듭니다.

Check Check 다음 문장을 이용해서 간접의문문을 완성해봅시다.

1. You were sick yesterday, _____ _____ ?

2. Peter lives in Incheon, _____ _____ ?

정답은 p.323

14
to부정사와 동명사

enjoy는 동명사와 친하고, want는 to부정사와 친하다

무슨 의미냐면요

동명사만 목적어로 쓸 수 있는 동사가 있고, to부정사만 목적어로 쓸 수 있는 동사가 있습니다. 물론 둘 다 목적어로 쓸 수 있는 동사도 있습니다.

좀 더 설명하면 이렇습니다

to부정사나 동명사가 주어와 보어의 역할을 할 경우에는 서로 바꿔 쓸 수 있습니다.

주어 **To play soccer is always fun.** 축구를 하는 것은 언제나 재미있다.

····▸ **Playing soccer is always fun.**

보어 My hobby is to play soccer. 내 취미는 축구를 하는 것이다.

···▸ My hobby is playing soccer.

하지만 동사의 목적어 역할을 할 때는 얘기가 달라집니다.

● 동명사 vs. to부정사 vs. 둘 다

동사 중에서 목적어로 동명사만 쓸 수 있는 것들이 있고, to부정사만 쓸 수 있는 것들이 있고, 둘 다 쓸 수 있는 것들이 있습니다.

목적어로 동명사만 쓸 수 있는 동사	목적어로 to부정사만 쓸 수 있는 동사	목적어로 둘 다 쓸 수 있는 동사
enjoy, finish, mind, give up, keep, practice, stop	want, plan, decide, agree, choose, hope, need*	start, begin, like, love, remember*, forget*, try*, regret*

*표시는 주의해야 할 동사

• I <u>enjoy</u> learning piano.
  <small>to learn (X)</small>
  나는 피아노 배우는 걸 즐긴다.

• He <u>gave up</u> persuading his mom.
  <small>to persuade (X)</small>
  그는 그의 엄마를 설득하는 걸 포기했다.

• They <u>want</u> to join the club.
  <small>joining (X)</small>
  그들은 그 동아리에 들어가고 싶어 한다.

- **We decided to stay home.**
  staying (X)

  우리는 집에 있기로 결정했다.

- **She started reading a book.**
  = to read

  그녀는 책을 읽기 시작했다.

● 주의해야 할 동사들

① need

일반적으로 need는 to부정사를 목적어로 사용하지만 주어가 사물이라서 그 행동을 직접 하지 않고 수동의 의미로 받는다면 동명사를 써야 합니다.

need to ~할 필요가 있다	I **need** to clean my room. 나는 내 방을 청소해야 해.
need -ing ~될 필요가 있다	My room **needs** cleaning. 내 방은 청소가 필요해.

② remember / forget

remember와 forget 뒤에 to부정사를 사용하면 앞으로 있을 '미래'로 해석할 수 있고, 동명사를 사용하면 이미 끝난 '과거'로 해석할 수 있습니다.

remember to ~할 것을 기억하다	Please <u>remember</u> to call me tomorrow. 내일 나에게 전화하는 걸 기억해주세요.
remember -ing ~했던 것을 기억하다	I <u>remember</u> calling him last year. 나는 작년에 그에게 전화했던 게 기억난다.
forget to ~할 것을 잊다	Don't <u>forget</u> to turn off the light. 불을 끄는 걸 잊지 마.
forget -ing ~했던 것을 잊다	I <u>forgot</u> turning off the light. 내가 불을 껐던 것을 잊고 있었어.

③ try

일반적으로 try는 to부정사를 목적어로 써서 '~하려고 노력하다' 혹은 '~하는 것을 시도하다'라는 뜻으로 사용되는데요. 가끔 '(시험 삼아) 한번 ~해보다'라는 뜻으로 사용될 때는 to부정사가 아닌 동명사를 써줍니다.

try to ~하려고 노력하다	I <u>tried</u> to open the box. 나는 그 상자를 열려고 노력했다.
try -ing (시험 삼아) 한번 ~해보다	I <u>tried</u> putting on the sneakers. 나는 그 운동화를 한번 신어봤다.

④ regret

regret은 뒤에 to부정사와 함께 사용되어 '~하게 되어 유감이다'라는 뜻으로 사용될 수도 있고, 동명사와 함께 사용되어 '~했던 것을 후회하다'라는 뜻으로 사용될 수도 있습니다.

regret to ~하게 되어 유감이다	I regret to say that he is sick. 그가 아프다는 말을 하게 되어 유감이다.
regret -ing ~했던 것을 후회하다	I regret texting her last night. 나는 어젯밤에 그녀에게 문자 보낸 걸 후회해.

우리가 알아야 할 것

☑ enjoy, finish, mind, give up, keep, practice, stop 다음에 오는 목적어는 동명사(-ing) 형태로 써야 합니다.

☑ want, plan, decide, agree, choose, hope 다음에 오는 목적어는 to부정사 형태로 써야 합니다.

☑ start, begin, like, love 다음에 오는 목적어는 동명사나 to부정사 둘 중 하나의 형태로 쓸 수 있습니다.

☑ need, remember, forget, try, regret은 뒤에 동명사나 to부정사가 둘 다올 수 있지만 의미가 달라지니 주의해야 합니다.

1. You need _____ (study) harder.

2. I really enjoyed _____ (ride) a bike.

정답은 p.323

가주어? 진주어?
의미상의 주어?

무슨 의미냐면요

한 문장 안에서 주어라고 부르는 것들이 여러 개 있을 수 있습니다.

좀 더 설명하면 이렇습니다

영어는 주어가 길 때(보통 to부정사가 주어로 사용되었을 때) 주어의 위치를 문장의 뒤쪽으로 옮기고 원래 자리에 가짜 주어 It을 쓰는 패턴을 좋아합니다.

● 가주어, 진주어

다음 두 문장을 비교해볼까요?

a. **To study math and science** is difficult.
　　　　주어

b. **It** is difficult **to study math and science.**
　　가주어　　　　　　　진주어

예문 a와 b는 "수학과 과학을 공부하는 것은 어렵다."라는 뜻을 갖고 있습니다. 영어를 사용하는 사람들은 주어가 긴 걸 싫어하기 때문에 a보다는 b와 같은 스타일의 문장을 더 선호합니다. 즉 진짜 주어(진주어)는 문장의 뒤로 이동시키고 원래 주어가 있던 곳에는 가짜 주어(가주어) It을 쓰는 것이죠.

- **To find the answer** was easy.

  정답을 찾는 게 쉬웠다.

···▸ **It** was easy **to find the answer.**
　　가주어　　　　　　진주어

- **To learn our history** is important.

  우리의 역사를 배우는 것은 중요하다.

···▸ **It's** important **to learn our history.**
　　가주어　　　　　　진주어

- **To live without love** is impossible.

  사랑 없이 사는 것은 불가능하다.

···▸ **It** is impossible **to live without love.**
　　가주어　　　　　　　진주어

● 의미상의 주어

앞에서 사용된 문장을 한 번 더 써보겠습니다.

- **It was easy to find the answer.**
  가주어   진주어
  정답을 찾는 게 쉬웠다.

어떤 문제에 대한 정답을 찾는 게 쉬웠다는 문장인데요. 만약 학급에 서른 명의 학생이 이 문제를 풀었다면 어떤 학생은 정답을 쉽게 찾았을 것이고, 또 어떤 학생에게는 어려웠을 겁니다. 그래서 누구에게 쉬웠고 또 누구에게는 쉽지 않았다는 것을 구체적으로 말해 주기 위해 'to find'의 '의미상의 주어'를 다음과 같이 「for + 목적격」의 형태로 써줄 수 있습니다.

- **It was easy for me to find the answer.**
  가주어   의미상의 주어   진주어
  내가 정답을 찾는 게 쉬웠다.

- **It was not easy for Sam to find the answer.**
                      의미상의 주어
  Sam이 정답을 찾는 건 쉽지 않았다.

- **It was difficult for her to find the answer.**
                  의미상의 주어
  그녀가 정답을 찾는 게 어려웠다.

이때 중요한 건 예문들에서 볼 수 있듯이 의미상의 주어에 인칭대명사를 사용할 때는 반드시 목적격 형태를 사용해야 한다는 점입니다.

- **It was easy for me to find the answer.**

for I (X)

내가 정답을 찾는 게 쉬웠다.

한편 의미상의 주어를 나타낼 때 for 대신 of를 쓰는 경우도 있습니다. to부정사의 의미상의 주어를 나타낼 때는 주로 「for + 목적격」의 형태를 사용하지만 사람의 성향이나 특성을 나타내는 형용사(kind, nice, wise, polite, foolish 등)를 사용할 때는 for 대신 of를 써줍니다.

- **It's very kind of you to help me.**

for (X)

나를 도와주다니 너는 정말 친절하구나.

지금까지 한 문장 속에 세 개의 주어가 있는 형태를 살펴보았는데요. 이런 내용을 처음 본 학생들에게는 좀 어렵고 복잡한 내용일 수 있을 겁니다. 무작정 공식을 외우기보다 예문을 통해 규칙을 이해한다면 해당 문법을 자기 것으로 만들 수 있고, 학교 시험문제에 출제되었을 때 쉽게 정답을 찾을 수 있을 겁니다.

우리가 알아야 할 것

☑ to부정사가 주어로 사용되었을 때 보통 문장의 뒤로 이동하고 원래 진짜 주어(진주어)가 있던 자리에는 가짜 주어(가주어) It을 씁니다.

☑ 이때 to부정사의 의미가 모든 사람에게 해당하지 않고 특정인에게만 해당하는 것을 표현하고 싶다면 「for + 목적격」형태로 의미상의 주어를 쓸 수 있습니다.

☑ 의미상의 주어를 쓸 때 사람의 성향이나 특성을 나타내는 형용사(kind, nice, wise, polite, foolish 등)를 사용할 때는 for 대신 of를 씁니다.

Check Check　주어진 단어의 순서를 재배열해 빈칸에 알맞은 말을 써봅시다.

1. It _____ eat vegetables.

  (you, is, for, important, to)

2. It _____ the elderly.

  (help, of, was, him, nice, to)

정답은 p.323

이 영역을 같이 정리하는 이야기

　지금까지 중2 영어 교과서에 주로 소개되는 문법들에 대해 살펴봤습니다. Part 1과 Part 2에 비해 다소 복잡한 개념이 나와서 상대적으로 어렵게 읽었을 거라 생각합니다. 하지만 한 번 읽었을 때 이해가 되지 않는다고 해서 너무 걱정하지 마세요. 이 책을 10번 이상 읽을 각오로 공부하고 계시잖아요. 두 번째 그리고 세 번째 읽을 때는 지금보다 훨씬 쉽게 이해할 겁니다.

　중2 영어를 공부한 사람이라면 이제 영어의 기본 시제들은 모두 파악하고 계신 겁니다. 현재, 과거, 미래, 진행형 시제에서 더 나아가 완료 시제까지 공부했으니 이제 여러분이 표현하고자 하는 대부분의 시제는 말하거나 영작할 수 있다는 걸 의미합니다. 더구나 조동사, 접속사, 관계대명사 등을 배우면서 해당 문장들을 좀 더 수준 높게 만들 수 있을 겁니다.

　뭔가 공부는 한 것 같은데 확 달라진 것 같지는 않다고요? 그럴 수 있습니다. 이제 시작이니까요. 지금까지 읽어온 것들을 계속해서 쉬지 않고 복습해야 합니다. 그래야 다음에 나오는 Part 4를 더 쉽게 공부할 수 있으니까요. 이제 중학교 영어 최고 단계인 중3 영어로 넘어가겠습니다. 학교 시험에 나오는 다양한 문제를 풀고 싶은 사람은 제 블로그를 방문해주세요.

▶ bit.ly/중학영어만점공부법Part3

HERE

PART 4

중3 영어,
복잡한 문장에 도전하라

WE GO!

중3 영어 교과서 이야기

Part 4에서는 중학교 3학년 영어 교과서에 주로 등장하는 언어 형식(문법)에 대해 다뤄보겠습니다. 만약 여러분이 중학생이라면 중학교 때 배우는 문법 중 가장 고급 개념에 해당될 것입니다. 만약 고등학생이라면 수능 기반 영어의 기초를 단단하게 다질 수 있는 기본 개념에 해당될 것입니다. 여러분이 어디에 속하든 이번 파트에 나오는 내용들도 자신의 것으로 만들기 바랍니다.

이제부터 공부하는 중학교 3학년 영어를 통해 여러분은 좀 더 다양하고 복잡한 문장을 만들 수 있을 것입니다. 일단 중학교 1, 2학년 영어에 비해 다소 복잡한 개념의 접속사들을 배우게 되고, 이미 배웠던 접속사들의 또 다른 뜻을 접하게 됩니다. 또한 앞에서 배웠던 관계대명사의 '계속적 용법'을 배우고 what이라는 새로운 관계대명사와 관계부사라는 개념을 배우면서 각자의 영어 실력을 더욱 튼튼하게 다지게 될 것입니다.

또한 중3 영어에서는 수동태 문장이라는 걸 배우게 되는데요. 여러분이 사용하는 교과서에 따라 중2 때 나올 수도 있습니다. 주어가 어떤 행동을 능동적으로 하느냐, 수동적으로 당하느냐에 따라 능동태 문장이 되기도 하고 수동태 문장이 되기도 한다는 개념입니다. 시제에 따라 다양한 형태의 수동태 문장이 만들어진다는 사실도 잘 공부해야 합니다.

마지막으로 여러분은 주로 중3 영어 교과서에 등장하는 중학교 영어의 일명 '끝판왕'이라고 할 수 있는 가정법과 분사구문에 대해 공부하게 됩니다. 가정법은 앞에서 배운 if라는 접속사를 이용해 현실성과 시점 등을 따져 가정법 과거나 가정법 과거완료 등으로 나눠서 공부하게 되며, 접속사가 사용된 문장을 현재분사(-ing)를 이용해 만드는 분사구문을 끝으로 중학교 영어에 대한 공부를 정리하게 될 것입니다.

Part 4까지 공부하고 나면 여러분이 어떤 교과서를 사용하든 학교 영어 수업 시간에 배우는 내용들이 쉽게 느껴질 겁니다. '2015 개정 교육과정'과 '2022 개정 교육과정'에서 권장하는 중학교 수준의 문법들을 대부분 다 공부하게 된 거니까요. 여러분이 말하거나 쓰는 영어 문장들은 점점 더 길고 다양하게 바뀔 것이며 그만큼 다양한 의견을 영어로 표현할 수 있게 될 것입니다. 물론 중간중간 어려움을 느낄 수 있습니다. 우리말이 아니니 당연히 그럴 수 있겠죠. 하지만 늘 그렇듯 처음이라서 복잡하고 어렵게 느껴지는 것이니 너무 겁먹지 않아도 됩니다. 저를 믿고 따라와주세요. 자, 그럼 중학교 영어의 마지막 관문을 통과해볼까요?

since와 because의 공통점은?

무슨 의미냐면요

since와 because는 둘 다 '~하기 때문에'라는 뜻의 원인을 나타내는 접속사로 사용될 수 있습니다.

좀 더 설명하면 이렇습니다

중학교 수준의 영어에서 반드시 알아야 할 접속사 중에 세 가지를 소개하겠습니다. 바로 since, while, although라는 녀석들인데요. 먼저 since 부터 알아보겠습니다.

● since

원래 since는 '~부터/~이후로'라는 뜻으로 자주 사용되는 접속사입니다. 중학교 영어 교과서에선 because의 뜻으로도 사용될 수 있다고 나옵니다. 따라서 여러분이 중학교 수준 혹은 그 이상의 영어 지문에서 보게 될 since라는 단어는 '~부터/~이후로'라는 뜻이 아닐 수도 있다는 것을 기억해야 합니다.

① ~부터/~이후로

since는 '~부터' 혹은 '~이후로'라는 뜻으로 종종 사용되며, 주로 현재완료 시제 문장에서 사용됩니다. 또한 뒤에 어떤 형태가 오느냐에 따라 전치사로 사용될 수도 있습니다.

- **I have known Peter since I was seven.**
  현재완료   접속사
  나는 7살 이후로 Peter를 알고 지낸다.

- **They have lived in Seoul since last year.**
  현재완료   전치사
  그들은 작년부터 서울에 살고 있다.

② ~ 때문에/~해서

since의 두 번째 뜻은 '~ 때문에' 혹은 '~해서'이며, 이 뜻으로 사용될 때는 because로 바꿔 쓸 수 있습니다.

- **I couldn't go to school since I was sick.**

  = because

  나는 아파서 학교에 갈 수 없었다.

- **Since it's raining, you'd better take an umbrella.**

  = Because

  비가 오고 있기 때문에 너는 우산을 챙기는 게 좋겠다.

● while

while은 앞에서 살펴봤었던 '~할 때'라는 뜻의 접속사인 when과 같이 시간을 나타내는 부사절을 만들 때 사용되는 접속사입니다.

① ~하는 동안에

while은 주로 이 뜻으로 사용되는데요. while이 이끄는 절에 일반동사가 사용될 때는 대부분 현재진행형 혹은 과거진행형 같은 진행형 시제가 사용됩니다.

- **You can take a nap while I'm having lunch.**

  너는 내가 점심을 먹는 동안에 낮잠을 자도 좋다.

- **I studied English hard while I was in Canada.**

  나는 캐나다에 있는 동안 영어를 열심히 공부했다.

② ~한 반면에

while은 고학년으로 올라갈수록 영어 지문에서 '~하는 동안에'라는 뜻이 아닌 '~한 반면에'라는 뜻으로도 사용되는데요. 이때는 while 앞뒤에 있는 2개의 절(clause)이 상반된 뜻을 나타냅니다.

- **I'm not good at math while my brother is a math genius.**

    내 남동생이 수학 천재인 반면에 나는 수학을 잘하지 못한다.

- **While Tom is very quiet, Julie likes talking.**

    Tom은 아주 조용한데 Julie는 말하는 것을 좋아한다.

● although

although는 '비록 ~일지라도' '~이긴 하지만'의 뜻을 갖고 있습니다. 접속사로서 though 혹은 even though로 바꿔 쓸 수도 있습니다.

- **She failed the test although she studied hard.**
    = (even) though

    그녀는 열심히 공부했지만 시험에 떨어졌다.

- **Although he told me a lie, I still trust him.**
    = (Even) Though

    비록 그가 내게 거짓말을 했을지라도 나는 여전히 그를 신뢰한다.

☑ since는 '〜이후로'라는 뜻도 있지만 because처럼 '〜 때문에'라는 뜻으로도 사용됩니다.

☑ while은 '〜하는 동안에' 혹은 '〜한 반면에'라는 뜻으로 사용됩니다.

☑ although는 '비록 〜일지라도'라는 뜻으로 사용되며 though 혹은 even though와 바꿔 쓸 수 있습니다.

Check Check 괄호 속에 들어갈 적절한 접속사를 골라봅시다.

1. He went to school (if, although) he was sick.
2. We couldn't play soccer (since, though) it rained.

정답은 p.323

02
상관접속사

왜 you 다음에
are이 아닌 is가 있지?

무슨 의미냐면요

상관접속사가 사용된 문장에서는 you 다음에 나오는 be동사가 are가
아닌 경우도 있습니다.

좀 더 설명하면 이렇습니다

'상관접속사'란 두 단어 이상이 모여 하나의 접속사처럼 해석되는 녀석
들을 말합니다. 따라서 접속사라고 생각하기보다 하나의 숙어라고 생각하
고 공부하는 것이 좋은데요. 상관접속사 사용 시 동사의 사용에 주의해야
할 때가 있으니 아래 설명을 잘 읽어보기 바랍니다.

● not only A but also B = B as well as A

① 의미: A뿐만 아니라 B도

- The movie was not only funny but also touching.

  = The movie was touching as well as funny.

  그 영화는 재미있었을 뿐만 아니라 감동적이기도 했다.

- Not only you but also your brother can come to the party.

  = Your brother as well as you can come to the party.

  너뿐만 아니라 네 남동생도 파티에 올 수 있다.

② 주의사항: 문장의 주어 자리에 올 때 동사는 B에 맞춥니다

- Not only you but also Peter is planning to learn Korean.

  = Peter as well as you is planning to learn Korean.

　　　　　　　　　　　are (X)
  너뿐만 아니라 Peter도 한국어를 배우는 것을 계획 중이다.

- Not only the moon but also the stars shine at night.

  = The stars as well as the moon shine at night.

　　　　　　　　　　　　shines (X)
  달뿐만 아니라 별들도 밤에 빛난다.

> ※동사는 The stars(3인칭 복수)에 맞춰야 하기 때문에 shine의 끝에 -s를 붙이지 않음

● both A and B

① 의미: A와 B 둘 다

- **I like both pizza and spaghetti.**

  나는 피자와 스파게티 둘 다 좋아한다.

- **She can speak both Japanese and Chinese.**

  그녀는 일본어와 중국어를 둘 다 말할 수 있다.

② 주의사항: 문장의 주어 자리에 올 때 동사는 복수 주어에 맞춥니다

- **Both Daniel and Mark are from Canada.**

is (X)

  Daniel과 Mark 둘 다 캐나다 출신이다.

- **Both she and her sister know the answer.**

knows (X)

  그녀와 그녀의 여동생 둘 다 정답을 알고 있다.

  > ※동사는 복수 주어(Both she and her sister)에 맞춰야 하기 때문에 know의 끝에 -s를 붙이지 않음

● either A or B / neither A nor B

① 의미: A 또는 B 둘 중에 하나 / A와 B 둘 다 아닌

- **Either you or Michael will win first prize.**

  너나 Michael 중 한 명이 1등을 할 것이다.

- **Neither you nor Michael will win first prize.**

  너나 Michael 중 누구도 1등을 하지 못할 것이다.

② 주의사항: 문장의 주어 자리에 올 때 동사는 B에 맞춥니다

- **Either Jimin or Sam has to help Mr. Park.**

  지민이나 Sam 둘 중 한 명이 박 선생님을 도와 드려야 한다.

- **Neither the students nor the teacher was at school.**

  학생들이나 교사 모두 학교에 있지 않았다.

● **not A but B**

① 의미: A가 아니라 B

- **He is not hungry but exhausted.**

  그는 배가 고픈 게 아니라 지친 거다.

- **I studied not in England but in Canada.**

  나는 영국이 아니라 캐나다에서 공부했다.

② 주의사항: A와 B 자리에 동사가 사용될 때 똑같은 종류의 동사가 아닐

수도 있습니다

- **He did not go to school but was in the park.**

  그는 학교에 가지 않고 공원에 있었다.

우리가 알아야 할 것

☑ 「not only A but also B」는 'A뿐만 아니라 B도'라는 뜻으로 해석되며 「B as well as A」로 바꿔 쓸 수 있습니다. 이 두 상관접속사가 문장의 주어 자리에 올 때 동사는 B에 맞춥니다.

☑ 「both A and B」는 'A와 B 둘 다'라는 뜻으로 해석되며, 문장의 주어 자리에 올 때 동사는 복수 주어에 맞춥니다.

☑ 「either A or B」는 'A 또는 B 둘 중에 하나'라는 뜻으로, 「neither A nor B」는 'A와 B 둘 다 아닌'이라는 뜻으로 해석됩니다. 이 두 상관접속사가 문장의 주어 자리에 올 때 동사는 B에 맞춥니다.

☑ 「not A but B」는 'A가 아니라 B'라는 뜻으로 해석되며, A와 B 자리에 동사가 사용될 때 똑같은 종류의 동사가 아닐 수도 있습니다.

Check Check 다음 문장의 빈칸에 알맞은 말을 써봅시다.

1. **The important thing is _____ money _____ our health.**
   중요한 건 돈이 아니라 우리의 건강이다.

2. **She is not _____ smart _____ also very funny.**
   그녀는 똑똑할 뿐만 아니라 아주 재밌기도 하다.

정답은 p.323

관계대명사의
제한적 용법과 계속적 용법

무슨 의미냐면요

관계대명사는 앞에 있는 선행사를 꾸며주는 '제한적 용법'과 앞에서 뒤로 순차적으로 해석하는 '계속적 용법'으로 사용됩니다.

좀 더 설명하면 이렇습니다

Part 3에서 공부했던 관계대명사에 대해 기억해볼까요? 우리가 봤던 관계대명사는 모두 뒤에 있는 관계대명사절이 앞에 있는 선행사를 꾸며주는, 즉 제한해주는 방식이었는데요. 그걸 좀 어려운 말로 관계대명사의 '제한적 용법'이라고 합니다.

사실 관계대명사는 이런 제한적 용법 말고도 '계속적 용법'이라는 방식으로도 사용되는데요. 다음에서 그 차이점을 설명하겠습니다.

● 제한적 용법

관계대명사의 제한적 용법이란 지금까지 우리가 알던 흔한 관계대명사의 용법입니다. 즉 앞에 있는 선행사를 수식하는, 다시 말해서 '제한하는' 용법을 말합니다.

- **I visited a city** [**which is famous in France**].
  선행사
  나는 프랑스에서 유명한 한 도시를 방문했다.
- **Sam met a girl** [**who lives in Seoul**].
  선행사
  Sam은 서울에 사는 여자아이를 만났다.

위 두 문장에서 괄호 속 관계대명사절은 앞에 있는 선행사 a city와 a girl을 각각 꾸며주고 있습니다. 즉 제한해주고 있으며 이때 관계대명사 which와 who는 제한적 용법으로 사용되었다고 말할 수 있습니다.

● 계속적 용법

그럼 이제부터는 조금은 다른 방식으로 사용된 관계대명사를 살펴보겠습니다. 일단 예문 두 개를 살펴볼까요?

- **I visited Paris**, which **is a capital city of France.**

  나는 파리를 방문했는데 그곳은 프랑스의 수도다.

- **Sam met Minji**, who **lives in Seoul.**

  Sam은 민지를 만났는데, 그녀는 서울에 산다.

이 예문들에서는 관계대명사가 어떻게 사용되었나요? 우리말 해석을 보면 기존의 방식(뒤에서 앞에 있는 선행사를 꾸며주는)이 아니라 앞에서 뒤로 순차적으로 해석하는 방식으로 사용되었다는 걸 알 수 있습니다. 아직 좀 헷갈릴 수도 있을 것 같은데요. 다음 두 예문을 비교하면서 살펴보면 쉽게 이해가 될 겁니다.

- **Sam met a girl** who **lives in Seoul.**

  Sam은 서울에 사는 한 여자아이를 만났다(제한적 용법).

- **Sam met Minji**, who **lives in Seoul.**

  Sam은 민지를 만났는데, 그녀는 서울에 산다(계속적 용법).

관계대명사의 계속적 용법에는 다음과 같은 특징이 있습니다.

① 보통 선행사 자리에 구체적인 이름이 옵니다

- **I visited Paris**, which **is a capital city of France.**

  구체적 이름

  나는 파리를 방문했는데 그곳은 프랑스의 수도다.

② 관계대명사 앞에 콤마(,)를 찍고 문장 앞부분부터 순차적으로 해석합니다

(~하는데, 그 사람[그것]은)

- **I went to <u>Dokdo</u>, which belongs to South Korea.**

  나는 독도에 갔는데, 그곳은 대한민국에 속한다.

③ 계속적 용법일 때는 that을 사용하지 않습니다

- **I went to <u>Dokdo</u>, that belongs to South Korea. (X)**

④ 앞 문장 전체를 선행사로 받을 수도 있습니다

- **<u>He won first prize</u>, which made his parents happy.**

  그는 1등상을 받았고, 그건 그의 부모님을 행복하게 만들었다.

  = **He won first prize, and it made his parents happy.**

☑ 관계대명사는 제한적 용법과 계속적 용법으로 사용될 수 있습니다.

☑ 관계대명사 앞에 나오는 선행사가 구체적인 이름을 갖고 있다면 선행사 뒤에 콤마(,)를 찍는데, 이때 사용된 관계대명사는 계속적 용법으로 사용 되었다고 말합니다.

☑ 계속적 용법에는 that을 사용하지 않습니다.

Check Check **관계대명사의 적절한 용법을 골라봅시다.**

1. I know a man who is from Germany.

☐ 제한적 용법 ☐ 계속적 용법

2. I know Kevin, who is from Germany.

☐ 제한적 용법 ☐ 계속적 용법

정답은 p.323

04
관계대명사 what

관계대명사에
what도 있다?

무슨 의미냐면요

관계대명사에는 who, whose, whom, which, that 말고도 what이라는 녀석이 있으며, 관계대명사 what은 선행사를 포함하고 있습니다.

좀 더 설명하면 이렇습니다

관계대명사는 Part 3에서 배운 것처럼 앞에 나오는 선행사를 꾸며주는 역할을 합니다. 오늘 배울 관계대명사 what은 선행사를 이미 포함하고 있어서 그 앞에 선행사를 쓰면 안 된다는 것에 주의해야 합니다.

● 관계대명사 what

여러분이 관계대명사에 대해 기억한다면 다음 두 문장을 한 문장으로 연결할 수 있을 겁니다.

- **This is <u>the thing</u>.**

  이것은 그것이다.

- **I want to buy <u>it</u>.**

  나는 그것을 사고 싶다.

두 문장의 공통 단어는 the thing과 it입니다. 그리고 선행사(the thing)는 사람이 아닌 사물입니다. 사라진 it은 문장 속에서 목적어 역할을 하기 때문에 목적격 관계대명사가 필요합니다. 따라서 선행사가 사람이 아닐 때 사용할 수 있는 목적격 관계대명사인 which나 that을 이용해 다음과 같은 문장을 만들 수 있습니다.

- **This is <u>the thing</u> 〔which I want to buy〕.**

  = that, 생략 가능

  이것이 바로 내가 사고 싶은 것이다.

이때 the thing which를 관계대명사 what으로 바꿔서 쓸 수도 있습니다. 관계대명사 what은 선행사(the thing)의 뜻을 포함하고 있는 것이죠.

- **This is what I want to buy.**

  이것이 바로 내가 사고 싶은 것이다.

● 관계대명사 what의 특징

이런 관계대명사 what의 특징을 정리하면 다음과 같습니다. 첫째, 선행사를 포함하고 있습니다(what = the thing[s] which). 둘째, '~(하는) 것'으로 해석합니다. 셋째, 관계대명사 what이 이끄는 절은 명사절이므로 문장 안에서 주어, 목적어, 보어의 역할을 합니다.

- **What he said was true.**
  = The thing which he said
  그가 말했던 것은 사실이었다(주어 역할).

- **I can't believe what he said.**

  나는 그가 말했던 것을 믿을 수 없다(목적어 역할).

- **That's not what he said.**

  그건 그가 말했던 것이 아니다(보어 역할).

● what을 쓸까, which를 쓸까

관계대명사가 들어갈 자리에 what을 쓸지, which를 쓸지 구분하는 방법은 바로 선행사의 유무로 알 수 있습니다. 예를 들어 다음과 같은 빈칸 채우기 문제가 있다고 가정해보겠습니다.

a. Please show me the things _____ you have in your hand.

b. Please show me _____ you have in your hand.

예문 a 속 빈칸 앞에는 the things라는 선행사가 보입니다. 따라서 a의 빈칸에는 which 혹은 that을 써야 합니다. 하지만 b는 어떤가요? 빈칸 앞에 선행사를 찾을 수 없습니다. 따라서 b의 빈칸에는 선행사의 뜻을 이미 포함하고 있는 what을 써야 하는 겁니다. 참고로 위 문장은 원래 다음과 같은 두 문장이었습니다.

- **Please show me <u>the things</u>.**

  내게 그것들을 보여주세요.

- **You have <u>them</u> in your hand.**

  당신은 손에 그것들을 갖고 있어요.

☑ 관계대명사 what은 선행사를 포함하고 있으며 '~(하는) 것'으로 해석합니다.

☑ 관계대명사 what은 the thing(s) which(혹은 that)로 바꿔 쓸 수 있습니다.

☑ 관계대명사 what이 이끄는 절은 문장 안에서 주어, 목적어, 보어 역할을 할 수 있습니다.

Check Check 빈칸에 들어갈 관계대명사를 써봅시다.

The thing that he wants to eat now is spaghetti.

= _____ he wants to eat now is spaghetti.

정답은 p.323

관계대명사가 아닌
관계부사?

무슨 의미냐면요

who와 which는 관계대명사라고 하고 when, where, why, how는 관계부사라고 합니다.

좀 더 설명하면 이렇습니다

Part 3에서 우리는 who와 which라는 관계대명사에 대해 공부했습니다. 관계대명사는 선행사가 사람이냐, 아니냐에 따라 달라진다고 배웠는데요. 이번에는 '관계부사'라는 녀석을 공부해보겠습니다.

● 관계부사란?

'on which'나 'in which'처럼 관계대명사가 전치사와 함께 사용될 때가 있습니다. 이때 전치사 앞에는 선행사가 있을 텐데요. 이 선행사가 시간, 장소, 이유, 방법을 나타낼 때 「전치사 + 관계대명사」는 '관계부사'로 바꿀 수 있습니다. 다시 말해 선행사가 '시간'이면 「전치사 + 관계대명사」는 관계부사 when으로 바꿀 수 있다는 말입니다. 또한 선행사가 '장소'면 관계부사 where, '이유'면 why, '방법'이면 how로 바꿔 쓸 수 있습니다. 예를 들어 다음 두 문장을 관계부사를 이용해서 한 문장으로 합쳐보겠습니다.

- **I remember the day.**

  나는 그날을 기억한다.

- **We went camping on that day.**

  우리는 그날에 캠핑을 갔다.

두 문장에서 공통 단어는 the day와 that day입니다. 선행사(the day)가 사람이 아니기 때문에 관계대명사 which를 이용해서 다음과 같이 한 문장으로 바꿀 수 있습니다.

- **I remember the day which we went camping on.**
  관계대명사   전치사

  나는 우리가 캠핑을 갔던 그날을 기억한다.

이때 뒤쪽에 남아 있는 전치사(on)를 which 앞에 사용할 수도 있습니다.

- **I remember the day on which we went camping.**
  전치사+관계대명사

마지막으로 「전치사(on)+관계대명사(which)」는 '관계부사'로 바꿀 수 있는데 the day는 '시간'을 나타내기 때문에 관계부사 when을 사용합니다.

- **I remember the day when we went camping.**
  관계부사

정리하면 다음 3개의 문장이 같은 뜻이라고 볼 수 있습니다.

- **I remember the day which we went camping on.**
  = **I remember the day on which we went camping.**
  전치사+관계대명사
  = **I remember the day when we went camping.**
  선행사(시간) 관계부사

선행사에 따라 관계부사는 다음과 같이 달라집니다. 단 the way와 how는 함께 사용할 수 없습니다.

선행사	관계부사
시간 (the time, the day 등)	when

장소 (the place, the house 등)	where
이유 (the reason)	why
방법 (the way)	how

이제 4가지 관계부사에 대해 각각 좀 더 자세하게 살펴보도록 하겠습니다.

● when (= in/on/at which)

when은 '언제'라는 뜻의 의문사 혹은 '~할 때'라는 뜻의 접속사로 사용되기 때문에 '시간'과 관련이 있습니다. 따라서 선행사가 '시간'을 나타낼 때 관계부사는 when을 사용합니다.

- **May is the month. + My girlfriend was born in the month.**

  5월은 그 달이다.   내 여자친구는 그 달에 태어났다.

⋯▶ **May is the month which my girlfriend was born in.**

  5월은 내 여자친구가 태어난 달이다.

  = **May is the month in which my girlfriend was born.**
  전치사+관계대명사

  = **May is the month when my girlfriend was born.**
  선행사(시간)   관계부사

● **where**(= in/on/at which)

where는 '어디에'라는 뜻의 의문사로 사용되기 때문에 '장소'와 관련이 있습니다. 따라서 선행사가 '장소'를 나타낼 때 관계부사는 where를 사용합니다.

- **This is <u>the hospital</u>. + Paul was born in <u>the hospital</u>.**

  이곳이 그 병원이다.   Paul은 그 병원에서 태어났다.

⋯▸ **This is the hospital** which **Paul was born in.**

이곳은 Paul이 태어났던 그 병원이다.

= **This is the hospital in which Paul was born.**
전치사+관계대명사

= **This is the hospital where Paul was born.**
선행사(장소)   관계부사

● **why**(= for which)

why는 '왜'라는 뜻의 의문사로 사용되기 때문에 '이유'와 관련이 있습니다. 따라서 선행사가 '이유'를 나타낼 때 관계부사는 why를 사용합니다.

- **That's <u>the reason</u>. + She is crying for <u>the reason</u>.**

  그게 그 이유다.   그녀는 그 이유로 울고 있다.

⋯▸ **That's the reason** which **she is crying for.**

그게 바로 그녀가 울고 있는 이유다.

= **That's the reason for which she is crying.**
전치사+관계대명사

= That's **the reason** why she is crying.

선행사(이유)　　관계부사

● **how**(= in which)

how는 '어떻게'라는 뜻의 의문사로 사용되기 때문에 '방법'과 관련이 있습니다. 따라서 선행사가 '방법'을 나타낼 때 관계부사는 how를 사용합니다.

* Is this <u>the way</u>? + You found the answer in <u>the way</u>.

　이게 그 방법이니?　　　　　　　너는 그 방법으로 정답을 찾았다.

···▸ Is this the way which you found the answer in?

　이게 바로 네가 정답을 찾았던 방법이니?

= Is this the way in which you found the answer?

　　　　　　　전치사+관계대명사

= Is this how you found the answer?

　the way how (X)

┌─────────────────────────────────────┐
│ ※the way와 how를 같이 사용할 수 없음 │
└─────────────────────────────────────┘

지금까지 관계부사에 대해 살펴봤습니다. 쉽지 않았나요? 아직 확실하게 이해되지 않는다고 해도 당신은 정상입니다. 당연하죠. 우리말이 아닌 영어의 문법에 대한 개념을 한 번에 이해한다면 그게 오히려 이상한 거 아닐까요? 포기하지 말고 Part 3에서 소개한 관계대명사를 복습한 후 바로 위에서 설명했던 관계부사를 이어서 여러 번 공부해보세요. 그리고 나서 다음에 소개하는 관계대명사와 관계부사의 차이점에 대해 공부한다면 두 가지 관계사 모두 내 것으로 만들 수 있을 겁니다.

● 관계대명사 vs. 관계부사

관계대명사와 관계부사는 다음과 같은 차이점이 있습니다.

① 선행사의 종류가 다릅니다.

관계대명사의 선행사는 사람, 사물, 동물 등이고 관계부사의 선행사는 시간, 장소, 이유, 방법 등입니다.

② 관계부사는 「전치사 + 관계대명사」로 바꿔 쓸 수 있습니다.

- **This is the house which I was born in.**

  이곳은 내가 태어났던 집이다.

  = **This is the house in which I was born.**
  전치사+관계대명사
  = **This is the house where I was born.**
  관계부사

③ 선행사가 장소라고 해서 무조건 관계부사를 사용하면 안 됩니다.

- **This is the house which I built last year.**

  이것은 내가 작년에 지은 집이다.

> ※이 문장에서는 built 다음에 원래부터 전치사가 없었기 때문에 관계부사를 사용할 이유가 없다.
>
> This is the house. + I built it last year.

- **This is <u>the house</u> where I was born.**

이곳은 내가 태어났던 집이다.

> ※이 문장에서는 born 다음에 원래 전치사 in이 있었기 때문에 전치사를 쓰지 않으려면 관계부사를 사용해야 한다.
> This is the house. + I was born in the house.

우리가 알아야 할 것

☑ 관계부사에는 when, where, why, how가 있습니다.

☑ 선행사가 '시간'을 나타내면 when, '장소'를 나타내면 where, '이유'를 나타내면 why, '방법'을 나타내면 how를 씁니다.

☑ 관계부사는 「전치사 + 관계대명사」로 나타낼 수 있습니다.

Check Check 다음 빈칸에 들어갈 관계부사를 써봅시다.

1. Nobody knows the reason _____ she left.

2. March is the month _____ the new semester starts.

3. This is the place _____ we met for the first time.

정답은 p.323

내가 책상을 옮기면 능동태, 책상이 옮겨지면 수동태

무슨 의미냐면요

"He moved the desk."는 능동태 문장(능동문)이라고 하고, "The desk was moved by him."은 수동태 문장(수동문)이라고 합니다.

좀 더 설명하면 이렇습니다

주어가 어떤 행동을 직접 한다는 뜻의 문장은 '능동태'라고 하고, 반대로 주어가 외부적인 요인에 의해 어떤 상태가 되거나 어떤 행동을 당한다는 수동의 뜻을 갖고 있는 문장은 '수동태'라고 합니다.

● 수동태 문장 만드는 방법

능동태 문장을 수동태 문장으로 바꾸는 방법은 다음과 같습니다.

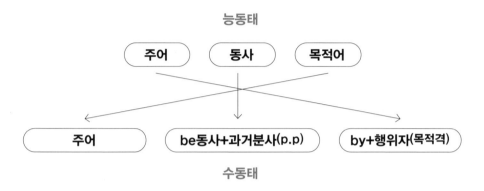

> ※ be동사는 시제에 따라 is(are), was(were), will be, is(are) being, have(has) been 등으로 바뀔 수 있습니다.

이 공식에 예문을 대입해서 좀 더 쉽게 설명해 보겠습니다. "He moved the desk."라는 능동태 문장을 수동태로 바꿀 때 다음과 같은 단계를 거칩니다.

능동태 He moved the desk. 그는 그 책상을 옮겼다.
 주어(행위자) 동사 목적어

수동태 The desk was moved by him. 그 책상이 그에 의해 옮겨졌다.
 주어 be동사+p.p. by+행위자(목적격)

절차를 구체적으로 말하면 다음과 같습니다. 먼저 능동태 문장의 목적어(the desk)를 주어 자리로 이동합니다. 그리고 능동태 문장의 시제를 파악한 후 거기에 맞는 be동사와 과거분사를 써줍니다. 마지막으로 by를 쓰고 그 뒤에 능동태 문장의 주어, 즉 해당 행동을 한 '행위자'를 목적격으로 써줍니다.

이제 여러 가지 시제에서 수동태가 어떻게 표현되는지 예문을 통해 살펴보도록 하겠습니다. 다음 표에 제시한 시제별 예문들을 살펴보면 수동태의 패턴을 쉽게 익힐 수 있을 텐데요. 특히 시제에 따라 be동사 부분이 어떻게 바뀌는지 규칙을 잘 파악해보기 바랍니다.

시제	능동태(active)	수동태(passive)
현재	She makes cookies. 그녀는 쿠키를 만든다.	Cookies are made by her. 쿠키가 그녀에 의해 만들어진다.
과거	She made cookies. 그녀는 쿠키를 만들었다.	Cookies were made by her. 쿠키가 그녀에 의해 만들어졌다.
미래	She will make cookies. 그녀는 쿠키를 만들 것이다.	Cookies will be made by her. 쿠키가 그녀에 의해 만들어질 것이다.
현재진행형	She is making cookies. 그녀는 쿠키를 만들고 있다.	Cookies are being made by her. 쿠키가 그녀에 의해 만들어지고 있다.
현재완료	She has made cookies. 그녀는 쿠키를 다 만들었다.	Cookies have been made by her. 쿠키가 그녀에 의해 다 만들어졌다.

● 「by + 행위자(목적격)」의 생략

수동태 문장에서 「by + 행위자(목적격)」가 항상 필요한 건 아닙니다. 다음 예문들과 같이 행위자가 누구인지 알 수 없거나 군이 밝힐 필요가 없는 경우 생략할 수 있는 것이죠.

- **This house** was built **in 1990.**

  이 집은 1990년에 지어졌다.

- **His car** was stolen **last week.**

  지난주에 그의 자동차를 도난당했다.

- **These shirts** are made **in China.**

  이 셔츠들은 중국에서 만들어진다.

● by 이외의 전치사를 쓰는 경우

수동태 문장에 사용되는 「by + 행위자(목적격)」 부분에 전치사 by 대신 다른 전치사가 사용되기도 합니다. 다음 예문을 통해 그 예시들을 살펴볼 수 있는데요. 일종의 숙어라고 생각하고 외워 놓으면 좋습니다.

- **I** am interested in **music.**

  나는 음악에 관심이 많다.

- **The bottle** is filled with **water.**

  그 병이 물로 가득 찼다.

- **This chair** was made of **wood.**

  이 의자는 나무로 만들어졌다.

- **We** are tired of **a lot of homework.**

  우리는 많은 숙제에 지친다.

- **The mountain** is covered with **snow.**

  그 산이 눈으로 덮여 있다.

- **My hometown** is known for **beautiful beaches.**

  내 고향은 아름다운 해변으로 유명하다.

우리가 알아야 할 것

☑ 주어가 어떤 행동을 직접 하면 '능동태', 외부적인 요인에 의해 어떤 상태가 되거나 어떤 행동을 당하면 '수동태'라고 합니다.

☑ 수동태는 「주어 + be동사 + p.p + by + 행위자(목적격)」로 나타내며 'by + 행위자(목적격)'는 생략되기도 합니다.

☑ by 대신 다른 전치사를 사용하는 수동태 구문도 존재합니다.

수동태 문장을 완성해봅시다.

1. He broke the window.

···▸ The window _____ _____ _____ _____ .

2. I will take many pictures.

···▸ Many pictures _____ _____ _____ _____ _____ .

정답은 p.323

07
조동사+수동태

조동사와 수동태의 콜라보?

무슨 의미냐면요

조동사가 있는 문장을 수동태로 바꾸면 「조동사 + be + 과거분사(p.p)」
의 형태가 됩니다.

좀 더 설명하면 이렇습니다

앞에서 우리는 능동태 문장에 사용된 목적어를 주어 위치로 이동하고
전체 문장을 수동태로 바꾸는 것을 연습했습니다. 만약 능동태 문장에 조
동사가 사용되었다면 수동태 문장에도 똑같은 조동사를 사용해야 합니다.

● 조동사 + 수동태

조동사가 있는 문장을 수동태로 바꿀 때는 어떤 형태를 사용할까요? "He moved the desk."라는 능동태 문장을 살짝 바꿔서 "He can move the desk."라는 예문을 사용할 텐데요. 이 조동사가 사용된 능동태 문장을 수동태로 바꾸는 방식을 다음 예문을 통해 확인하시기 바랍니다.

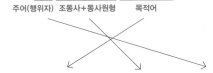

능동태 <u>He can move the desk.</u> 그는 그 책상을 옮길 수 있다.
주어(행위자) 조동사+동사원형 목적어

수동태 <u>The desk can be moved by him.</u> 그 책상이 그에 의해 옮겨질 수 있다.
주어 조동사+be+p.p. by+행위자(목적격)

단계별 절차를 구체적으로 말하면 다음과 같습니다. 먼저 능동태 문장의 목적어를 주어로 이동합니다. 그리고 능동태 문장에 조동사가 사용된 것을 파악한 후 「조동사 + be + 과거분사」의 형태에 맞게 써줍니다. 마지막으로 by를 쓰고 그 뒤에 능동태 문장의 주어, 즉 해당 행동을 한 '행위자'를 목적격 형태로 써줍니다. 아직 확실하게 이해하지 못했다면 다음 예문들을 통해 반복 학습하시기 바랍니다.

• **They should clean their classroom.**

  그들은 그들의 교실을 청소해야 한다.

···▸ **Their classroom** should be cleaned **by them.**

그들의 교실은 그들에 의해 청소되어야 한다.

• **Jacob will make a cake.**

Jacob은 케이크를 만들 것이다.

···▸ **A cake** will be made **by Jacob.**

케이크가 Jacob에 의해 만들어질 것이다.

● 「by + 행위자(목적격)」의 생략

조동사가 사용된 수동태 문장에서도 「by + 행위자(목적격)」가 항상 필요한 건 아닙니다. 행위자가 누구인지 알 수 없거나 굳이 밝힐 필요가 없는 경우 생략할 수 있는 것이죠.

• **This homework** must be finished **by tomorrow.**

이 숙제는 내일까지 끝내져야만 한다.

• **Your food** will be served **in a minute.**

당신의 음식은 곧 제공될 것입니다.

• **The letter** must be delivered **by May 10th.**

그 편지는 5월 10일까지 배달되어야 한다.

• **A new school** will be built **in our town next year.**

새로운 학교가 내년에 우리 마을에 지어질 것이다.

우리가 알아야 할 것

☑ 조동사가 사용된 문장의 수동태는 「조동사 + be + 과거분사(p.p)」의 형태로 나타낼 수 있습니다.

☑ 'by + 행위자'가 생략된 경우도 있습니다.

Check Check 주어진 문장을 참고하여 수동태 문장을 완성해봅시다.

1. He will fix his car.

···▶ His car ＿＿＿＿＿＿＿＿＿＿＿＿＿＿＿＿＿ by him.

2. I should wash my shirt today.

···▶ My shirt ＿＿＿＿＿＿＿＿＿＿＿＿＿＿＿＿ by me today.

정답은 p.323

'월' 앞에는 in인데
왜 'on May 1st'라고 쓸까?

무슨 의미냐면요

'월' 앞에는 in을 쓰고 날짜 앞에는 on을 씁니다. 따라서 '5월'은 'in May'로, '5월 1일'은 'on May 1st'로 표현합니다.

좀 더 설명하면 이렇습니다

in, at, on, for, by 같은 단어를 전치사라고 부르는데요. 시간이나 때 혹은 기간 등을 나타내는 말과 함께 사용되는 전치사를 편의상 '시간 전치사'라고 부릅니다. 대표적인 시간 전치사에는 다음과 같은 것들이 있습니다.

● at, on, in: ~에

at, on, in은 대표적인 시간 전치사이며 그 쓰임은 다음과 같습니다. 전치사별로 뒤에 어떤 시간 개념이 나오는지 잘 알아둬야 하며, 학교 시험에서는 빈칸 채우기 유형으로 자주 출제됩니다.

at	+ 구체적인 시각, 특정 시점	at 3:00 p.m. 오후 3시에 at 9 o'clock 9시 정각에 at noon 정오에
on	+ 날짜, 요일, 특정한 날	on October 14th 10월 14일에 on Monday 월요일에 on my birthday 내 생일에
in	+ 월, 계절, 연도	in June 6월에 in summer 여름에 in 2012 2012년에

- **I usually wake up at 7:00 a.m.**

  나는 보통 오전 7시에 일어난다.

- **Let's meet at noon.**

  정오(낮 12시)에 만나자.

- **She was born on December 26th.**

  그녀는 12월 26일에 태어났다.

- **I'll see you on Monday.**

  나는 월요일에 너를 볼 것이다.

- **In 2020, we were in Canada.**

  2020년에 우리는 캐나다에 있었다.

- **I like making a snowman in winter.**

  나는 겨울에 눈사람 만드는 것을 좋아한다.

● before: ~전에 / after: ~후에

before와 after는 전치사나 접속사로 사용될 수 있습니다.

- **Wash your hands before lunch.**
  전치사

  점심 식사 전에 손을 씻어라.

- **Wash your hands before you have lunch.**
  접속사

  네가 점심을 먹기 전에 손을 씻어라.

- **Brush your teeth after lunch.**
  전치사

  점심 식사 후에 양치질을 해라.

- **Brush your teeth after you have lunch.**
  접속사

  네가 점심을 먹은 후에 양치질을 해라.

※전치사 뒤에는 명사(구)가 오고, 접속사 뒤에는 절(clause)이 옵니다.

● for / during: ~동안에

for 다음에는 구체적인 숫자가 나와서 기간의 길이를 구체적으로 표시해주고, during 다음에는 특정 기간을 나타내는 말이 나옵니다.

- **Julie stayed at her uncle's house for two days.**
구체적 숫자
Julie는 그녀의 삼촌 집에서 이틀 동안 머물렀다.

- **Julie stayed at her uncle's house during the weekend.**
특정 기간
Julie는 그녀의 삼촌 집에서 주말 동안 머물렀다.

● until / by: ~까지

until은 그때까지 계속 동작이나 상태가 지속된다는 뜻이고, by는 그때 이전에 동작이 완료될 수도 있다는 뜻을 포함하고 있습니다.

- **I want to stay here until May 10th.**
나는 5월 10일까지 여기에 머물고 싶다.

  > ※ 5월 10일까지는 계속 머물고 싶다는 의미

- **I should finish my homework by May 10th.**
나는 5월 10일까지 숙제를 끝내야 한다.

  > ※ 5월 10일 이전에 끝내야 한다는 의미(5월 10일 이전에 끝내도 상관없음)

● from A to B: A부터 B까지

from은 '~부터', to는 '~로' 혹은 '~까지'라는 뜻의 전치사이며, 「from A to B」는 'A부터 B까지'라는 뜻으로 사용됩니다.

- **He will travel around the world from May to October.**

  그는 5월부터 10월까지 세계를 여행할 것이다.

우리가 알아야 할 것

☑ 시간 전치사 at은 구체적인 시각이나 특정 시점 앞에, on은 날짜, 요일 혹은 특정한 날 앞에, in은 월, 계절, 연도 앞에 사용됩니다.

☑ for 다음에는 구체적인 숫자가 오고, during 다음에는 특정 기간을 나타내는 말이 옵니다.

☑ 특정 시점까지 어떤 동작이나 상태가 계속 지속된다는 뜻이라면 until을, 그 전에 동작이 완료될 수도 있다는 뜻을 포함하고 있다면 by를 사용합니다.

Check Check 괄호 속 전치사 중 어법상 적절한 것을 골라봅시다.

1. I will leave (at, on, in) July.

2. I will leave (at, on, in)Sunday.

3. I will leave (at, on, in)10 o'clock.

정답은 p.323

안에 있으면 in,
위에 있으면 on

무슨 의미냐면요

장소나 위치를 나타낼 때 무언가의 '안에' 있을 때는 in을 쓰고 '위에' 있을 때는 on을 씁니다.

좀 더 설명하면 이렇습니다

전치사 중 장소나 위치를 묘사하기 위해 사용되는 전치사들을 아래와 같이 '장소 전치사' 혹은 '위치 전치사'라고 부릅니다.

● 장소/위치 전치사 in, at, on

장소나 위치 등을 나타내는 말과 함께 사용되는 전치사들이 많이 있는데요. 그중 대표적으로 다음에 설명하는 in, at, on이 자주 사용됩니다. 자세히 살펴보도록 하겠습니다.

in ~에(서)/~안에	+ 사방이 막힌 공간, 비교적 넓은 장소(도시, 나라 등)	in the classroom 교실에(서) in London 런던에(서) in Canada 캐나다에(서)
at ~에(서)	+ 특정한 장소/지점, 비교적 좁은 장소	at the bus stop 버스 정류장에(서) at Seoul Station 서울역에(서) at the corner 코너에(서)
on ~(위)에	+ 표면에 닿을 수 있는 곳(벽 포함)	on the floor 바닥 위에 on the table 탁자 위에 on the wall 벽에

- **He is in the office now.**

  그는 지금 사무실에 있다.

- **They studied in Toronto.**

  그들은 토론토에서 공부했다.

- **I met him at the bus stop.**

  나는 버스 정류장에서 그를 만났다.

- **Turn right at the corner.**

  코너에서 우회전해라.

- **There is a big map on the wall.**

  벽에 큰 지도가 하나 있다.

- **I can't sleep on the bed.**

  나는 침대 위에서는 잠을 잘 수 없다.

● 기타 장소/위치 전치사

in, at, on 말고 장소 및 위치를 나타낼 때 사용할 수 있는 다양한 전치사
가 있습니다.

전치사	뜻	예문
under	~ 아래에	• There is a ball under the chair. 의자 아래에 공이 하나 있다. • Let's get some rest under the bridge. 다리 아래에서 좀 쉬자.
behind	~ 뒤에	• The kid hid behind the door. 그 아이는 문 뒤에 숨었다. • The sun went behind a cloud. 해가 구름 뒤로 들어갔다.
near	~ 근처에	• You can sit near the fire. 너는 불 근처에 앉아도 된다. • Do you live near here? 너 여기 근처에 사니?

next to	~ 옆에	• They live next to each other. 그들은 서로의 옆에 산다. • The flower shop is next to the bank. 꽃 가게는 은행 옆에 있다.
beside	~ 옆에	• I was walking beside my mom. 나는 우리 엄마 옆에서 걷고 있었다. • His house is beside a small lake. 그의 집은 작은 호수 옆에 있다.
between (between A and B)	~ 사이에 (A와 B 사이에)	• The river runs between the two cities. 그 강은 두 도시 사이로 흐른다. • I want to sit between Sam and Julie. 나는 Sam과 Julie 사이에 앉고 싶다.
in front of	~의 앞에	• Can I stand in front of you? 내가 네 앞에 서도 될까? • Let's meet in front of the mall. 쇼핑몰 앞에서 만나자.
across from	~의 맞은편에	• The library is across from my office. 도서관은 내 사무실 바로 맞은편에 있다. • He is standing across from the building. 그는 그 건물의 맞은편에 서있다.

☑ 다양한 장소 전치사를 활용해 사람이나 사물 혹은 특정 장소의 위치를 묘사할 수 있습니다.

☑ 장소 전치사 in은 사방이 막힌 공간이나 비교적 넓은 장소 앞에, at은 특정한 장소나 비교적 좁은 장소 앞에, 그리고 on은 표면에 닿을 수 있는 곳 앞에 사용됩니다.

☑ in, at, on 이외에도 다양한 장소(위치) 전치사가 존재합니다.

Check Check 괄호 속 전치사 중 적절한 것을 골라봅시다.

1. I will have lunch (at, on, in) home.

2. I will have lunch (at, on, in) the floor.

3. I will have lunch (at, on, in) Incheon.

정답은 p.323

10
do 강조,
It … that 강조

문장 속 특정 부분은 어떻게 강조할까?

무슨 의미냐면요

　문장 속 특정 부분을 강조하고 싶다면 do를 이용하거나 「It… that~」 강조 구문을 사용할 수 있습니다.

좀 더 설명하면 이렇습니다

　문장 안에서 어떤 특정 부분을 강조하고 싶을 때 해당 부분이 동사(일반동사)일 경우 do, does 혹은 did를 이용하고, 동사(일반동사)가 아닐 경우 「It… that~」 강조 구문을 이용합니다.

● do의 강조용법

문장 속에서 행동을 묘사하는 말, 즉 동사(일반동사)를 강조하고 싶을 때는 do, does, did 중 하나를 사용할 수 있습니다. 이때 중요한 건 주어의 인칭이나 문장의 시제에 상관없이 do, does, did 다음에는 동사의 원형을 써야 한다는 점입니다.

do/does/did + (일반동사의) 동사원형

• **I want to learn Korean.**

나는 한국말을 배우고 싶다.

⋯▸ **I do want to learn Korean.**

나는 정말로 한국말을 배우고 싶다.

• **They want to learn Korean.**

그들은 한국말을 배우고 싶다.

⋯▸ **They do want to learn Korean.**

그들은 정말로 한국말을 배우고 싶다.

이번에는 주어가 3인칭 단수인 경우를 살펴보겠습니다.

- **He wants to learn Korean.**

  그는 한국말을 배우기를 원한다.

···▸ **He does want to learn Korean.**
  wants (X)
  그는 정말로 한국말을 배우기를 원한다.

이 문장에서는 주어(He)가 3인칭 단수이기 때문에 do가 아닌 does를 사용하며, 그 뒤에 나오는 want는 s를 붙이지 않고 원형인 형태로 사용합니다. 그렇다면 문장의 시제가 과거일 경우에는 어떻게 강조할까요?

- **I wanted to learn Korean.**

  나는 한국말을 배우고 싶었다.

···▸ **I did want to learn Korean.**
  wanted (X)
  나는 정말로 한국말을 배우고 싶었다.

이 문장의 시제는 과거이기 때문에 do나 does가 아닌 did를 사용해야 하는데요. 그 뒤에 나오는 동사 want는 wanted가 아닌 원형으로 써줍니다. 예문을 몇 개 더 살펴볼까요?

- **The girls love Korean food.**

  그 소녀들은 한국 음식을 좋아한다.

···▸ **The girls do love Korean food.**

그 소녀들은 한국 음식을 진짜 좋아한다.

• **Lucy loves Korean food.**

Lucy는 한국 음식을 좋아한다.

···▶ **Lucy does love Korean food.**
　　　　　loves (X)
Lucy는 한국 음식을 진짜 좋아한다.

• **We loved Korean food.**

우리는 한국 음식을 좋아했다.

···▶ **We did love Korean food.**
　　　　loved (X)
우리는 한국 음식을 진짜 좋아했다.

● **It··· that~ 강조구문**

문장 안에서 동사(일반동사)가 아닌 다른 부분을 강조하고 싶을 때, 해당 부분을 It is(was)와 that 사이에 넣어서 표현할 수 있습니다.

> **It is(was) + 강조할 부분 + that + 나머지**

예를 들어보겠습니다.

284

- **Peter met Jenny at the beach yesterday.**

Peter는 어제 해변에서 Jenny를 만났다.

이 문장에서 밑줄 친 부분 네 곳을 각각 강조하려면 아래와 같이 쓸 수 있습니다.

① 'Peter' 강조

- **It was Peter that met Jenny at the beach yesterday.**
  과거시제(met)니까
  어제 해변에서 Jenny를 만났던 건 바로 Peter였다.

② 'Jenny' 강조

- **It was Jenny that Peter met at the beach yesterday.**

Peter가 어제 해변에서 만났던 건 바로 Jenny였다.

③ 'at the beach' 강조

- **It was at the beach that Peter met Jenny yesterday.**

Peter가 어제 Jenny를 만났던 곳은 바로 해변이었다.

④ 'yesterday' 강조

- **It was yesterday that Peter met Jenny at the beach.**

Peter가 해변에서 Jenny를 만났던 건 바로 어제였다.

☑ 문장 속 동사(일반동사)의 뜻을 강조하고 싶다면 do, does, did를 사용할 수 있으며, 이때 do, does, did 다음에는 동사원형을 써야 합니다.

☑ 동사(일반동사)가 아닌 부분을 강조하고 싶을 때는 「It… that~」 강조 구문을 사용할 수 있습니다.

Check Check 밑줄 친 부분을 강조하는 문장을 완성해봅시다.

Sarah played the piano at home this morning.

1. Sarah 강조

It was _____ _____ played the piano at home this morning.

2. played 강조

Sarah _____ _____ the piano at home this morning.

정답은 p.323

286

11
So do I

이젠 'Me too'
대신 'So do I'

무슨 의미냐면요

"나도 그래."라고 말할 때는 "Me too." 혹은 "So do I."라고 표현합니다.

좀 더 설명하면 이렇습니다

상대방의 말에 동의하거나 "~도 그래."라는 뜻을 영어로 표현할 때 다음과 같이 나타낼 수 있는데요. 이때 앞사람이 한 말에 사용된 동사에 따라 '동사' 부분에 들어갈 말이 결정됩니다.

So + (동사) + 주어

① 앞사람의 말이 be동사 문장일 때: So + be동사 + 주어

A: I <u>am</u> interested in fashion.

나는 패션에 관심이 많아.

B: So <u>am</u> I. / So <u>is</u> Jason. / So <u>are</u> Jason and I.

나도 그래. / Jason도 그래. / Jason이랑 나도 그래.

② 앞사람의 말이 조동사 문장일 때: So + 조동사 + 주어

A: I <u>can</u> solve this question.

나는 이 문제를 풀 수 있어.

B: So <u>can</u> I. / So <u>can</u> the kids. / So <u>can</u> we.

나도 풀 수 있어. / 그 아이들도 풀 수 있어. / 우리도 풀 수 있어.

③ 앞사람의 말이 일반동사 문장일 때: So + do(does, did) + 주어

A: Sam <u>likes</u> pizza.

Sam은 피자를 좋아해.

B: So <u>do</u> I. / So <u>does</u> my little brother.

my little brother는 3인칭 단수

나도 그래. / 내 남동생도 그래.

A: Lisa <u>studied</u> hard last night.

Lisa는 어젯밤에 열심히 공부했어.

B: So <u>did</u> you. / So <u>did</u> Michael.

studied(과거시제)에 맞게

너도 그랬어. / Michael도 그랬어.

☑ 상대방의 말을 듣고 "~도 그래"라고 답할 때 So를 이용할 수 있습니다.

☑ So 다음에는 앞사람의 말에 사용된 동사에 맞게 be동사, 조동사 혹은 do(does, did)를 쓰고 마지막에는 '~'에 해당하는 주어를 써줍니다.

Check Check So를 이용해서 빈칸에 알맞은 말을 써봅시다.

1. A: I can swim.　　　　　B: ＿＿＿＿ ＿＿＿＿ I.

2. A: I am from England.　　B: ＿＿＿＿ ＿＿＿＿ David.

3. A: I have a puppy.　　　　B: ＿＿＿＿ ＿＿＿＿ Cindy.

정답은 p.323

If I had had…?
'had had'라고?

무슨 의미냐면요

　가정법 과거완료 문장은 「If+주어+had+과거분사(p.p)+~, 주어 + would(could 등) have + 과거분사(p.p) + ~」로 나타내기 때문에 have의 과거분사 had를 사용할 경우 'If I had had…'처럼 had가 두 번 연속해서 나올 수 있습니다.

좀 더 설명하면 이렇습니다

　Part 3에서 여러분은 '(만약에) ~라면'이라는 뜻의 조건을 나타내는 접속사 if에 대해 공부했습니다. 사실 if라는 접속사는 Part 3에서 배웠던 내용보다 더 다양하고 복잡한 쓰임으로 사용됩니다.

● 조건의 if: 가정법 현재

조건의 뜻을 나타낼 때 if가 사용되는 문장은 다음과 같은 형태로 쓰인 다고 배웠습니다. 한번 복습해볼까요?

> **If + 주어 + 동사(현재형) + ~,**
> **주어 + will(can 등) + 동사원형 + ~.**

- **If it rains tomorrow, I will stay home.**
  will rain (X)
  내일 비가 온다면, 나는 집에 있을 거야.

- **If you need help, you can call me anytime.**

  네가 도움이 필요하다면, 언제든지 내게 전화해도 돼.

- **I will buy the bicycle if it's not too expensive.**

  그 자전거가 너무 비싸지 않다면, 나는 그것을 살 거야.

If가 사용된 문장은 '가정'을 한다고 해서 '가정법'이라고도 부릅니다. 지 금까지 살펴본 문장의 경우 if절에 사용된 동사의 시제가 현재이기 때문에 편의상 '가정법 현재'라고 불리기도 하는데요. 다음에 살펴볼 '가정법 과 거'와 '가정법 과거완료'를 포함해 총 3가지 종류의 가정법의 의미와 형태 를 구분할 필요가 있습니다.

● **가정법 과거**

　가정법 과거는 현재 사실을 반대로 가정할 때나 실현 가능성이 거의 없는(혹은 불가능한) 일에 대해 가정할 때 사용하며 가정법 현재(단순 조건문)와 달리 if절에 동사의 '과거형'을 사용합니다.

① **형태**

> **If + 주어 + 동사(과거형) + ~,**
> **주어 + would(could 등) + 동사원형 + ~.**

　※ if절에 be동사가 사용될 때는 주어에 상관없이 were를 쓰는 게 원칙이지만, 현대영어에서는 was를 사용하기도 합니다.

② **의미: 만약 ~하다면, …할 텐데**

- **If she knew his phone number, she would call him.**
　　　　　know의 과거
만약 그녀가 그의 전화번호를 안다면, 그녀는 그에게 전화할 텐데.

(현실: 그녀는 그의 전화번호를 모름)

- **If I had a thousand dollars, I could buy a new smartphone.**

만약 나에게 1천 달러가 있다면, 내가 새 스마트폰을 살 수 있을 텐데.

(현실: 나에게는 1천 달러가 없음)

- **If I** were **a bird, I** would **fly to her.**

만약 내가 새라면, 그녀에게 날아갈 텐데.

(현실: 나는 새가 아님)

- **If I** won **the lottery, I** would **travel around the world.**
  win의 과거

만약 내가 복권에 당첨된다면, 세계 여행을 다닐 텐데.

(현실: 내가 복권에 당첨될 확률은 거의 제로(0%)임)

● 가정법 현재 vs. 가정법 과거

그렇다면 가정법 현재(단순 조건문)와 가정법 과거는 정확히 어떤 차이가 있을까요?

① 형태가 다릅니다

- 가정법 현재: if절에 동사의 현재형, 주절에 will(can 등)을 사용
- 가정법 과거: if절에 동사의 과거형, 주절에 would(could 등)를 사용

② 의미가 다릅니다

- 가정법 현재: 실현 가능성이 있는 가정
- 가정법 과거: 실현 가능성이 거의 없거나 불가능한 가정

a. If I find your wallet, I will call you.

내가 만약 네 지갑을 발견한다면, 네게 전화할게.

b. If I found a wallet on the street, I would call the police.

내가 만약 길거리에서 지갑을 발견한다면, 경찰에 전화할 것이다.

예문 a는 어제 친구가 나의 집에 놀러 왔었는데 오늘 학교에서 만난 그 친구가 어제 자신의 지갑을 나의 집에 놓고 간 것 같다고 말했고, 내가 오늘 집에 가서 그 친구의 지갑을 찾으면 전화하겠다고 말하는 상황입니다. 내가 오늘 집에 갔을 때 친구의 지갑을 찾을 확률이 어느 정도는 있기 때문에, 실현 불가능한 상황이 아니기에 이 문장에는 '가정법 현재'를 사용합니다.

반면 예문 b에서는 내가 길에서 지갑을 발견할 확률이 높지 않고 또한 말하는 사람도 그런 상황이 실제로 일어날 거라고 확신하지 않는 상황입니다. 즉 실현 가능성이 거의 없는 막연한 가정 혹은 다짐을 하는 상황이기 때문에 '가정법 과거'의 형태를 사용해서 find가 아닌 found를, will이 아닌 would를 사용한 거라고 볼 수 있습니다.

● **가정법 과거완료**

가정법 과거는 현재 사실을 반대로 가정할 때 사용하고, 가정법 과거완료는 과거 사실을 반대로 가정할 때 사용합니다.

① 형태

> If + 주어 + had + 과거분사(p.p) + ~,
> 주어 + would(could 등) have + 과거분사(p.p) + ~.

② 의미: 만약 ~했었다면, …했었을 텐데

- If I had **had** a thousand dollars, I could have **bought** the new
  have의 과거분사   buy의 과거분사
  smartphone.

  만약 나에게 1천 달러가 있었다면, 내가 그 새 스마트폰을 살 수 있었을 텐데.

  〔상황 설명: 그때 나에게는 1천 달러가 없어서 새 스마트폰을 살 수 없었음〕

- If he had **seen** me, he would have **said** hello.
  see의 과거분사   say의 과거분사
  만약 그가 나를 봤었다면, 그는 안녕이라고 말했을 것이다.

  〔상황 설명: 그는 나를 못 봤음. 그래서 내게 안녕이라고 인사하지 않았음〕

● 가정법 과거 vs. 가정법 과거완료

그렇다면 가정법 과거와 가정법 과거완료는 정확히 어떤 차이가 있을

까요?

① 형태가 다릅니다

- 가정법 과거: if절에 과거형, 주절에 「would(could 등) + 동사원형」

- 가정법 과거완료: if절에 과거완료, 주절에 「would(could 등) have + p.p」

② 의미가 다릅니다

- 가정법 과거: 현재 사실을 반대로 가정
- 가정법 과거완료: 과거 사실을 반대로 가정

a. If she knew his number, she would call him.

만약 그녀가 그의 전화번호를 안다면, 그녀는 그에게 전화할 텐데.

b. If she had known his number, she would have called him.

만약 그녀가 그의 전화번호를 알았다면, 그녀는 그에게 전화했었을 텐데.

예문 a는 현재 그녀가 그의 전화번호를 알지 못해서 전화를 하지 못하는 상황을 묘사하고 있습니다. 반면 b는 지금이 아닌 그 당시(과거)에 그녀가 그의 전화번호를 알지 못했고, 그에게 전화를 하지도 못했다는 상황을 묘사하고 있습니다(현재는 그녀가 그의 전화번호를 알 수도 있음).

지금까지 중학교 문법 중 가장 어렵다고 할 수도 있는 '가정법'에 대해 살펴봤는데요. 가정법에도 동사의 과거형이나 과거분사형이 들어가는 것을 알 수 있습니다. 앞에서 언급했듯이 영어의 다양한 문법을 이해하기 위해서는 불규칙 동사들의 현재, 과거, 과거분사 형태를 최대한 많이 알아놔야 합니다.

우리가 알아야 할 것

☑ '가정법 과거'는 현재 사실을 반대로 가정할 때나 실현 가능성이 거의 없는 일에 대해 가정할 때 사용하며, 「If + 주어 + 동사(과거형) + ~, 주어 + would(could 등) + 동사원형 + ~.」로 나타낼 수 있습니다.

☑ '가정법 과거완료'는 과거 사실을 반대로 가정할 때 사용하며 「If + 주어 + had + 과거분사(p.p) + ~, 주어 + would(could 등) have + 과거분사 (p.p) + ~.」로 나타낼 수 있습니다.

Check Check　주어진 단어를 이용해 가정법 문장을 완성해봅시다.

1. If he _____(be) here, he would help me.

2. If I had _____(study) hard, I could have _____ (pass) the test.

정답은 p.323

'I wish'는
가정법과 친하다

무슨 의미냐면요

I wish는 어떤 일이 불가능한 걸 알면서도 그렇게 됐으면 좋겠다는 바람을 표현할 때 사용하며, 앞에서 배운 가정법 문장의 if절에 사용되는 형태를 따라 합니다.

좀 더 설명하면 이렇습니다

I wish 다음에는 일반적으로 가정법에 사용되는 '주어 + 동사(과거형)' 혹은 '주어 + had + 과거분사(p.p)'를 써주는데요. 그 차이는 다음과 같습니다.

● I wish + 가정법 과거: ~하면 좋을 텐데

I wish 다음에 '가정법 과거'를 쓴다는 말은 다음과 같은 형태로 표현한다는 말입니다.

> **I wish + 주어 + 동사(과거형) + ~.**

즉 가정법 과거의 if절에서 If 대신 I wish를 썼다고 보면 되는 건데요. 이때 문장의 뜻은 '가정법 과거'의 의미를 그대로 살려서 과거가 아닌 현재 사실에 대한 후회나 안타까움을 나타냅니다. 중학생들이 학교 시험에서 자주 틀리는 것 중에 하나가 바로 이 부분인데요. 해석은 현재로 하는데 동사의 시제는 과거로 써야 하기 때문입니다.

- **I wish I were rich.**
  am (X)
  내가 부자라면 좋을 텐데.

  〔현실: 나는 부자가 아님〕

- **I wish he had a dog.**
  has (X)
  그에게 개가 있다면 좋을 텐데.

  〔현실: 그에게는 개가 없음〕

- **I wish I knew the answer.**
  know (X)

내가 답을 알면 좋을 텐데.

(현실: 나는 답을 모름)

● I wish + 가정법 과거완료: ~했다면 좋았을 텐데

이번에는 현재 사실이 아닌 이미 결과가 나온 '과거' 사실에 대한 바람을 나타낼 때 어떤 형태를 쓰는지에 대해 알아보겠습니다. 현재 사실에 대해 말할 때는 I wish 다음에 '가정법 과거'를 사용했는데요. 과거 사실에 대해 어떤 바람을 나타낼 때는 '가정법 과거완료'를 사용해야 하며 I wish 다음에 '가정법 과거완료'를 쓴다는 말은 다음과 같은 형태로 표현한다는 말입니다.

I wish + 주어 + had + 과거분사(p.p) + ~.

즉 '가정법 과거완료'의 if절에서 If 대신 I wish를 썼다고 보면 되는 건데요. 이때 문장의 뜻은 '가정법 과거완료'의 의미를 그대로 살려서 과거 사실에 대한 후회나 안타까움을 나타냅니다.

- I wish **I** had been **rich.**

내가 (그 당시에) 부자였다면 좋았을 텐데.

(현실: 나는 그 당시 부자가 아니었음)

- I wish **he** had had **a dog.**

have의 과거분사

그에게 (그 당시에) 개가 있었다면 좋았을 텐데.

(현실: 그때 그에게는 개가 없었음)

- I wish **I** had known **the answer.**

내가 (그 당시에) 답을 알았다면 좋았을 텐데.

(현실: 그때 나는 답을 몰랐음)

우리가 알아야 할 것

☑ 「I wish + 주어 + 동사(과거형) + ~.」 형태의 문장은 가정법 과거의 뜻을 살려서 '~하면 좋을 텐데'라고 해석합니다.

☑ 「I wish + 주어 + had + 과거분사(p.p) + ~.」 형태의 문장은 가정법 과거 완료의 뜻을 살려서 '(과거에) ~했다면 좋았을 텐데'라고 해석합니다.

Check Check 주어진 단어를 이용하여 가정법 문장을 완성해봅시다.

1. I wish I _____(have) a girlfriend.

내게 여자친구가 있으면 좋을 텐데.

2. I wish I _____(put) on sunscreen.

내가 자외선 차단제를 발랐다면 좋았을 텐데.

정답은 p.323

지루하게 만들면 He is 'boring'
지루함을 느끼면 He is 'bored'

무슨 의미냐면요

능동의 의미를 갖고 있으면 현재분사, 수동의 의미를 갖고 있으면 과거분사를 사용합니다.

좀 더 설명하면 이렇습니다

동사의 끝에 –ing를 붙이면 현재분사, –ed를 붙이면 과거분사로 바뀌는데요. 이 둘은 모두 형용사 역할을 합니다. 주어가 그 행동을 능동적으로 하면 현재분사, 수동적으로 당하면 과거분사를 사용하죠.

분사는 동사의 끝에 −ing나 −ed를 붙여서 형용사로 바꿔준 형태를 말하며 다음과 같이 정리할 수 있습니다.

구분	현재분사	과거분사
형태	동사원형 + ing	동사원형 + ed
해석	~하는, ~하고 있는	~가 된, ~되는
의미	능동, 진행	수동, 완료

몇 가지 예를 들어볼까요?

동사	현재분사	과거분사
interest 관심(흥미)을 끌다	interesting 흥미로운	interested 흥미로운
amaze 놀라게 하다	amazing 놀라운	amazed 놀라운
excite 신이 나게 만들다	exciting 신나는	excited 신나는
bore 지루하게 만들다	boring 지루한	bored 지루한
tire 피곤하게 만들다	tiring 피곤한	tired 피곤한

- **The project is** interesting.

  그 프로젝트는 흥미롭다.

- **He is** interested **in the project.**

  그는 그 프로젝트에 관심이 있다.

> ※the project가 he를 흥미롭게 만들기 때문에 the project가 주어일 때는 현
> 재분사(interesting)를, he가 주어일 때는 과거분사(interested)를 사용합니다.

- **The movie was** amazing.

  그 영화는 놀라웠다.

- **She was** amazed.

  그녀는 깜짝 놀랐다.

> ※the movie가 she를 놀라게 만들었기 때문에 the movie가 주어일 때는 현
> 재분사(amazing)를, she가 주어일 때는 과거분사(amazed)를 사용합니다.

- **His speech was** boring.

  그의 연설은 지루했다.

- **I was** bored.

  나는 지루함을 느꼈다.

> ※his speech가 I를 지루하게 만들었기 때문에 his speech가 주어일 때는 현재분사(boring)를, I가 주어일 때는 과거분사(bored)를 사용합니다.

위 예문들을 통해 우리는 일반적으로 주어가 사람이면 과거분사(-ed)를, 사람이 아니면 현재분사(-ing)를 사용한다는 것을 알 수 있습니다. 하지만 항상 그런 것만은 아니기 때문에 주어가 사람인지 아닌지를 통해 접근하기보다는 주어가 그 행동을 '능동적'으로 행했는지 아니면 '수동적'으로 당했는지를 파악하는 방법이 가장 정확한 접근법이라고 할 수 있습니다.

- **He is** boring.

  그는 지루하다(나를 지루하게 한다).

> ※그가 말하는 사람을 지루하게 만든다는 의미

- **He is** bored.

  그는 지루하다(지루함을 느낀다).

  > ※그가 어떤 것에 의해 지루함을 느낀다는 의미

- **They are** amazing.

  그들은 놀랍다(나를 놀라게 한다).

  > ※그들이 말하는 사람을 놀라게 만든다는 의미

- **They are** amazed.

  그들은 놀랐다(놀라움을 느낀다).

  > ※그들이 무언가에 놀라움을 느낀다는 의미

우리가 알아야 할 것

☑ 일반적으로 동사의 끝에 -ing를 붙이면 현재분사, -ed를 붙이면 과거분사가 됩니다.

☑ 현재분사와 과거분사는 형용사의 역할을 합니다.

☑ 주어가 그 행동을 '능동적'으로 한다는 뜻이면 현재분사, '수동적'으로 당하는 의미면 과거분사를 사용하며, 일반적으로 주어가 사람이 아니면 현재분사, 사람이면 과거분사를 사용합니다.

Check Check 괄호 속에서 적절한 말을 골라봅시다.

1. I worked hard, so now I am (tiring / tired).

2. The news was (surprising / surprised).

정답은 p.323

308

"Being sick, I stayed home." 을 해석할 수 있는가?

무슨 의미냐면요

"Being sick, I stayed home."에서 Being sick은 As I was sick, 즉 '내가 아팠기 때문에'라는 뜻입니다.

좀 더 설명하면 이렇습니다

when, while, if, because, as 같은 접속사가 사용된 문장에서 접속사절(부사절)을 짧게 만들 수 있는데, 이때 사용하는 게 바로 현재분사(-ing)입니다. 또한 이렇게 현재분사를 이용해서 짧게 만든 문장을 '분사구문'이라고 합니다.

● 분사구문의 예

분사구문에는 원래 있던 접속사가 생략되어 있는데요. 이 생략된 접속사의 의미에 따라 다음과 같이 나눠서 생각해볼 수 있습니다.

① 이유(원인): ~ 때문에(as, because, since)

원래 문장 속에 as, because, since 같은 '~ 때문에'라는 뜻을 갖고 있는 접속사가 생략됐다면, 그때의 분사구문은 '이유(원인)'를 나타낸다고 말할 수 있습니다.

- **Feeling tired, he went to bed early.**

  그는 피곤했기 때문에 일찍 잠자리에 들었다.

  (= **Because he felt tired, he went to bed early.**)

- **Being sick, I stayed home.**

  나는 아팠기 때문에 집에 머물렀다.

  (= **As I was sick, I stayed home.**)

② 시간: ~할 때(when), ~하는 동안(while)

원래 문장 속에 when이나 while과 같이 시간과 관련된 접속사가 생략됐다면, 그때의 분사구문은 '시간'을 나타낸다고 말할 수 있습니다.

- **Turning** on the computer, I felt something wrong.

  내가 컴퓨터 전원을 켰을 때 무언가 잘못된 것을 느꼈다.

  (= **When** I turned on the computer, I felt something wrong.)

- **Chris hurt his knee playing soccer.**

  Chris는 축구를 하는 동안 그의 무릎을 다쳤다.

  (= Chris hurt his knee **while** he was playing soccer.)

③ 동시동작: ～하면서(while, and)

원래 문장 속에 두 가지 행동을 동시에 하고 있음을 묘사하는 while이나 and 같은 접속사가 생략됐다면, 그때의 분사구문은 '동시동작'을 나타낸다고 말할 수 있습니다.

- **He is sitting under the tree reading a book.**

  그는 책을 읽으면서 나무 아래에 앉아 있다.

  (= He is sitting under the tree **and** he is reading a book.)

- **We ate popcorn watching a movie.**

  우리는 영화를 보면서 팝콘을 먹었다.

  (= We ate popcorn **while** we were watching a movie.)

● 분사구문을 만드는 방법

그렇다면 이런 분사구문은 어떻게 만들 수 있을까요? 앞에 제시한 예문들을 다시 한번 언급하면서 단계별로 설명해보겠습니다.

- **Because he felt tired, he went to bed early.**

  피곤했기 때문에 그는 일찍 잠자리에 들었다.

위 문장을 분사구문으로 만들기 위해서는 다음과 같은 3단계의 절차를 거칩니다(이 책에서는 주절과 접속사절의 시제가 일치하는 경우만 다루도록 하겠습니다).

① 접속사를 생략합니다

- ~~**Because**~~ **he felt tired, he went to bed early.**

② 접속사 뒤에 나오는 주어를 생략합니다(주절의 주어와 같을 때)

- ~~**he**~~ **felt tired, he went to bed early.**

③ 접속사 뒤에 나오는 동사를 현재분사(-ing) 형태로 만듭니다

- **Feeling** ~~felt~~ **tired, he went to bed early.**

정리하면 다음과 같습니다.

- Because he felt tired, he went to bed early.

  = **Feeling** tired, he went to bed early.

하나 더 해볼까요? 다음 문장을 분사구문으로 만들어보겠습니다.

- **Chris hurt his knee while he was playing soccer.**

  Chris는 축구를 하는 동안 그의 무릎을 다쳤다.

이 문장은 접속사가 이끄는 절이 문장의 뒤쪽에 있는 경우인데, 방식은 똑같습니다.

① **접속사를 생략합니다.**

- Chris hurt his knee ~~while~~ he was playing soccer.

② **접속사 뒤에 나오는 주어를 생략합니다(주절의 주어와 같을 때).**

  (chris)
- Chris hurt his knee ~~he~~ was playing soccer.

③ **접속사 뒤에 나오는 동사를 현재분사(-ing) 형태로 만듭니다.**

  (was)
- Chris hurt his knee (being) playing soccer.

> ※진행형을 분사구문으로 만들 때는 being을 생략함

정리하면 다음과 같습니다.

- **Chris hurt his knee while he was playing soccer.**
  = **Chris hurt his knee playing soccer.**

마지막으로 한 문장만 더 연습해볼까요?

- **He is sitting under the tree and he is reading a book.**

  그는 나무 아래에 앉아서 책을 읽고 있다.

① 접속사를 생략합니다.

- **He is sitting under the tree ~~and~~ he is reading a book.**

② 접속사 뒤에 나오는 주어를 생략합니다(주절의 주어와 같을 때).

- **He is sitting under the tree ~~he~~ is reading a book.**

③ 접속사 뒤에 나오는 동사를 현재분사(–ing) 형태로 만듭니다.
is

- **He is sitting under the tree (being) reading a book.**

> ※진행형을 분사구문으로 만들 때는 being을 생략함.

정리하면 다음과 같습니다.

- He is sitting under the tree and he is reading a book.
  = He is sitting under the tree reading a book.

우리가 알아야 할 것

☑ 현재분사(-ing)를 사용해서 접속사가 사용된 문장을 짧게 만든 형태를 '분사구문'이라고 합니다.

☑ 접속사와 그 뒤에 나오는 주어를 생략한 후 동사에 -ing를 붙여서 현재분사로 만들어주는 방식으로 분사구분을 만들 수 있습니다.

Check Check 다음 분사구문을 완성해봅시다.

Because they were hungry, they went to the restaurant.

⋯▸ _____ hungry, they went to the restaurant.

정답은 p.323

이 영역을 같이 정리하는 이야기

　지금까지 중3 영어 교과서에 주로 소개되는 문법들에 대해 살펴봤습니다. 어떠셨나요? 쉽지만은 않았을 거라 생각되지만 동시에 본인의 영어 실력이 향상되는 걸 느꼈을 거라 확신합니다. 이제 비로소 영어 공부의 재미를 느낀 친구들도 많이 있을 거라 기대하며 이번 파트를 정리해보겠습니다.

　Part 4에서는 '복잡한 문장 도전하기'라는 슬로건을 앞세워 공부해봤습니다. 상관접속사를 포함한 다양한 접속사와 관계사의 응용편을 공부하면서 두 개의 절(clause)을 한 문장에 사용하는 패턴을 배웠으며, 시간 전치사와 장소 전치사를 공부하면서 시간과 장소를 묘사하는 방법을 배웠습니다. 또한 문장 속 특정 부분을 강조하는 방법을 공부하며 다양한 톤으로 말하거나 영작하는 걸 연습하면서 '강조와 도치' 구문에 대해 공부하기도 했습니다.

　마지막으로 중학교 영어에서 가장 복잡하다고 할 수 있는 수동태, 가정법, 분사구문을 공부했는데요. 한 번에 다 이해하지 못했을 수도 있지만, 기본적인 개념을 공부하며 내 영어 실력이 향상됐다는 뿌듯함을 느꼈을 거라 생각합니다. 이렇게 복잡한 개념들을 한 번만 읽고 이해할 순 없을 겁니다. 확실히 이해될 때까지 두 번, 세 번 계속해서 복습하기 바랍니다. 학교시험에 나오는 다양한 문제를 풀고 싶은 사람은 제 블로그를 방문해 주세요.

▶ bit.ly/중학영어만점공부법Part4

이제 마지막으로 의사소통 기능(말하기) 표현과 어휘를 소개하겠습니다. 제 블로그를 방문하시면 내용을 확인할 수 있습니다. 다음 페이지를 참고 해주세요.

● **중학생이 꼭 알아야 할 의사소통 기능 BEST 30**

　지난 20여 년간 중학교에서 영어를 가르친 경험을 바탕으로 교육과정에 포함되어 있는 수많은 의사소통 기능 중 중학교 영어 교과서에 주로 사용되는 주요 의사소통 기능 30가지, 일명 '의사소통 기능 BEST 30'을 추려봤습니다. 다음 주소를 통해 제 블로그를 방문해 무료로 다운로드해 사용하세요.

▶ bit.ly/의사소통기능BEST30

● **중·고등학생이 꼭 알아야 할 교과서 속 어휘 천 개**

　현직 영어 교사이자 영어 교과서 집필자로서 우리나라에서 사용되는 중·고등학교 영어 교과서에 공통적으로 등장하는 영어단어 천 개를 엄선해 추려봤습니다. 모든 단어는 '2015 개정 교육과정'과 '2022 개정 교육과정'에서 권장하는 중·고등학교 영어단어 중 현장 경험을 토대로 우선순위를 매겨 뽑은 결과물입니다. 다음 단축 주소(학년별)를 통해 제 블로그에 방문해서 예문이 담긴 유인물을 다운로드해 공부하기를 추천합니다.

[초급 300] ▶ bit.ly/중고필수영단어초급300

[중급 300] ▶ bit.ly/중고필수영단어중급300

[고급 300] ▶ bit.ly/중고필수영단어고급400

부록 1. 불규칙동사표

기본형	과거	과거분사	기본형	과거	과거분사
be ~이다, 있다	was/were	been	cut 자르다	cut	cut
bear 낳다	bore	born	do 하다	did	done
become ~이 되다	became	become	draw 그리다	drew	drawn
begin 시작하다	began	begun	drink 마시다	drank	drunk
bend 구부리다	bent	bent	drive 운전하다	drove	driven
break 깨다, 부수다	broke	broken	eat 먹다	ate	eaten
bring 가져오다	brought	brought	fall 떨어지다	fell	fallen
build 짓다	built	built	feel 느끼다	felt	felt
buy 사다, 구입하다	bought	bought	find 발견하다	found	found
catch 잡다	caught	caught	fly 날다	flew	flown
choose 고르다	chose	chosen	forget 잊다	forgot	forgotten
come 오다	came	come	forgive 용서하다	forgave	forgiven
cost 비용이 들다	cost	cost	get 받다, 얻다	got	got/gotten

give 주다	gave	given	meet 만나다	met	met
go 가다	went	gone	pay 지불하다	paid	paid
grow 자라다	grew	grown	put ~을 놓다	put	put
have 가지다	had	had	quit 그만두다	quit	quit
hear 듣다	heard	heard	read[riːd] 읽다	read[red]	read[red]
hit 때리다	hit	hit	ride (탈것에) 타다	rode	ridden
hold 잡다, 개최하다	held	held	ring 울리다	rang	rung
hurt 상처를 주다	hurt	hurt	run 달리다	ran	run
keep 유지하다	kept	kept	say 말하다	said	said
know 알다	knew	known	see 보다	saw	seen
lay (알을) 낳다,놓다	laid	laid	sell 팔다	sold	sold
leave 떠나다	left	left	send 보내다	sent	sent
lend 빌려주다	lent	lent	sing 노래하다	sang	sung
let ~하도록 허락하다	let	let	sink 가라앉다	sank	sunk
lose 잃다	lost	lost	sit 앉다	sat	sat
make 만들다	made	made	sleep 자다	slept	slept
mean 의미하다	meant	meant	smell 냄새 맡다	smelt	smelt

speak 말하다	spoke	spoken	tell 말하다	told	told
spend (돈, 시간 등을) 소비하다	spent	spent	think 생각하다	thought	thought
spread 퍼지다	spread	spread	throw 던지다	threw	thrown
stand 서다	stood	stood	understand 이해하다	understood	understood
steal 훔치다	stole	stolen	wake (잠에서) 깨다	woke	woken
swim 수영하다	swam	swum	wear 입다	wore	worn
take 가지고 가다	took	taken	win 이기다	won	won
teach 가르치다	taught	taught	write 쓰다	wrote	written

부록

부록2. Check Check 정답

부록

고등 영어 1등급을 위한 중학 영어 만점공부법

초판 1쇄 발행 2022년 12월 30일

지은이 | 박병률
펴낸곳 | 믹스커피
펴낸이 | 오운영
경영총괄 | 박종명
편집 | 양희준 최윤정 김형욱 이광민
디자인 | 윤지예 이영재
마케팅 | 문준영 이지은 박미애
등록번호 | 제2018-000146호(2018년 1월 23일)
주소 | 04091 서울시 마포구 토정로 222 한국출판콘텐츠센터 319호(신수동)
전화 | (02)719-7735   팩스 | (02)719-7736
이메일 | onobooks2018@naver.com   블로그 | blog.naver.com/onobooks2018

값 | 17,500원
ISBN 979-11-7043-370-5 53740